JN223761

いじめに対する大人の誤解

スクール虐待の現実

小森美登里

新日本出版社

はじめに――すべての大人がいじめ解決策の共有を

いじめ問題の解決を目指し、２００３年にＮＰＯ法人「ジェントルハートプロジェクト」を立ち上げ、20年以上の月日が流れました。全国の学校、子どもたち、行政機関、人権問題に関わる多くの皆さまとの交流の中、気付けば講演の回数は１６００回を超えていました。出逢《であ》った皆さまからはさまざまな経験や気持ち、考えを伺い、それぞれの現場の実態を学ばせていただきました。

この活動のきっかけは法人立ち上げの4年半前、１９９８（平成10）年7月27日に当時高校1年生だった一人娘が、いじめを原因として自殺したことに端を発します。娘の名前は「香澄《かすみ》」と言います。

この問題に向き合う決心をしたのは、「なぜ我が子を守りきれなかったのか？」という、自身のいじめ対応への疑問からでした。取り返しのつかない現実を前に、せめて反省し我が子に心からの謝罪をしなければならないと思ったからです。

学びながら活動を続けることによって知ったのは、これは個人的な問題ではなく社会の問題だということでした。いじめの問題は人権問題であり、さまざまな問題と密接に関わっています。「この問題意識を発信しなくてはならない。多くの大人と情報を共有し、今生きている子どもたちの心と命を守りたい」と強く実感するようになったのです。

今も多くのいじめが発生しています。いじめ認知件数や自殺、不登校も激増しています。本書では、私たちNPO法人の主な講演先である学校現場にフォーカスを当てて、いじめ問題や子どもたちの自殺、不登校について考えていきます。現場の教員、子ども、保護者、できれば地域を含めた大人、一人でも多くの方にこの問題を知っていただき、次の時代を引き継ぐ子どもたちの心と命を守ってほしいと思い、今も活動を続けています。教員研修に伺う機会も多く、僭越《せんえつ》ながら私の経験から感じたことをお話しさせていただいています。その感想文に「新たな視点を見つけた。今後は加害者にも寄り添いたい」という声がたいへん多いという事実から、これをまとめ、多くの方に届けたいと思ったのです。「新たな視点」については保護者の方からも同様の意見をいただき、多くの方に受け止めていただいていることが実感され、活動の大きな励みになっています。

本書のサブタイトルの「スクール虐待」は、講演の中で「印象に残った」という反響がとても多い言葉です。今までは「いじめぐらいで」と軽視もされてきましたが、これは命に関わる重大な人権侵害の問題なのです。私は「学校で起きている、子どもから子どもへの虐待」なのだと多くの人に知ってほしいと思って、この「スクール虐待」という言葉をさまざまなところで発信しています。

活動の中でさまざまな声を耳にし、今もまだ問題が解決できていないのはなぜなのか、その根幹が見えてきたように感じています。それは、心と命について考える時間があまりにも希薄であるということです。「命」というものに対して、単に「肉体の消滅」を連想している方もいるかもしれないと感じたのです。命が大切であることは当然ですが、肉体のみが命なのではなく、肉体と心、この二つが揃《そろ》って一つのかけがえのない命であると考えるようになりました。そして、肉体は消滅しても心は存在し続け、遺《のこ》されたメッセージは次の時代を創る礎になると実感しています。

多くの方がご家族を亡くされた経験をお持ちだと思いますので、命は巡り巡って引き継がれているということを実感していると思います。今は亡き命に想《おも》いをはせた時、湧き上がる愛《いと》おしさや懐かしさ、さまざまな感情、またともに学んだことなどを思い出すことができるのではないでしょうか。先人たちはそうやって、遺されたそのメッセージを受け取り、また次の時代に伝え続けています。私の場合は、我が子がいじめ自殺という形でその身をもって、心というものの存在の大きさを訴えていったと感じています。

残念ですが、心というものをないがしろにしてしまうと、亡き人の遺した大切なメッセージに耳を傾けることができなくなってしまいます。いじめによって亡くなった子どもたちのメッセージは、しっかりと私たちに引き継がれているのでしょうか。そのメッセージを引き継ぐ責任があるにもかかわらず、それをないがしろにした時、大切なものを見失い、人権感覚までも見失われるように感じます。

人の想いを積み石のように重ね、次の時代を創りたいのです。死を無駄にしたくない、単純にそう思うのです。心の喪失は、その役目に気付かなくなります。そんな人が増えてきてはいないでしょうか。それは、社会全体を不幸にしていることですので、この現実に早く気付いてほしいと思います。

残念ながら、自己中心的な考えの氾濫は長く続き、多くの人が今、孤独を感じているように思えてなりません。そして、傷付いた孤独な心は自身を死へと追い詰めたり、犯罪へとかり立てたり、そういう恐ろしい原動力にもなっているのではないでしょうか。

子どもたちが次の時代を創ります。そのために、大人の責任としてやらなければならないことは、「心」の存在を子どもたちとともに考え、その存在を確認し合うことではないでしょうか。どんな心で自分は人と繋《つな》がるのか、問い直したいと思います。自他ともに幸せに生きることができる、その道しるべを探したいと思います。私は、その作業を子どもたちとともにすることが、時代の大きな変革へと繋がると信じています。

今この瞬間も、いじめという問題を解決できないまま、たいへん多くの子どもたちが苦しみ続けています。それと同時に、学校の先生方も多忙な中解決の糸口が見つからず苦しんでいます。日本中の子どもたちを今すぐに救い出すために、いじめに対する共通の認識を、まずは大人が持ちたいと思います。それが解決の基盤をつくる上でとても重要です。

具体的には、何より予防対策が重要になりますが、残念ながらここもまだ十分に機能していません。発生後の初動対応も同じくです。この問題を社会問題として広く周知したいところですが、個人や小さな法人ができることには限りがあるということを日々実感しています。しかし、問題の重要性を実感した人間が繋がることはできると思っています。本書がそのきっかけになることを願っています。

生まれてきてくれた命が幸せな人生を生きるために、まずは大人が繋がること、その責任があります。文部科学省、こども家庭庁はもとより、保護者、教員、地域も巻き込んで、早急に手を打たなければならない問題ですので、手をこまぬいているわけにはいきません。今まで奪われてきた命やさまざまな被害を思えば遅すぎるのです。子どもたちの心と命に関わる重大な問題です。

他者を傷付けても心が痛まず、「自分さえよければよい」という人間が次の時代を築くこと、その空気の中で人が生きることを想像してみてください。これは恐怖でしかありません。大人の社会で起きているいじめ問題は、子ども社会の中で芽吹いています。

この問題に、第三者はいません。子どもたちが将来の日本を担っていくのは、紛れもない事実なのです。特に、いじめ発生現場にいる子どもたちと直接関わっておられる先生方には、多くの人と繋がってほしいと思っています。

私自身は教壇に立ったことはなく、評論家を自称しているわけでもありません。また、いじめ問題の研究者でもありません。この本は、私が耳にしたこと、活動の中で経験し感じたことから、私自身の肌感覚や体感でまとめました。

想いを言葉にできる子どもたちばかりではありません。この本が、言葉にならない心の声に耳を傾けるきっかけ、皆さんの周りにいる子どもの「実は……」という言葉を引き出すきっかけとなることを願います。

文部科学省は24年10月、小中学校の不登校が過去最多（23年度）と公表しました。自殺も400

人前後と高止まりしています。この問題に関心を寄せる多くの皆さまと心が一つになり、解決に向かうことを切に願っています。

目次

はじめに――すべての大人がいじめ解決策の共有を　3

序論　いじめの現状――文部科学省の調査を検討する　13

第一章　いじめについて誤解していませんか？　19

1　「被害者は弱い子」なのか？　20
2　「いじめられる原因がある」という被害者責任論　24
3　「なんでいじめられるのだろうね」？　29
4　「子どもの問題だから、子ども同士で解決させる」？　32
5　「やられたらやり返せ」　34
6　「仲直りの会」「謝罪の会」　38
7　「○○週間」「○○キャンペーン」　42
8　「傍観者も加害者」なのか？　44

第二章　スクール虐待と当事者の背景　49
1　いじめは虐待行為である　50
2　不登校の子どもたち　53
3　いじめ被害は生きる気力や考える力を奪う　58
4　いじめは被害の連鎖から生まれる産物　60
5　加害者はいじめることで心のバランスを保っている　64
6　孤独が人の心を崩壊させるきっかけに　69
7　お互いに「傷」は残る　74
8　クラスの雰囲気は子どもたちの成績にも影響する　78
9　親に話せないこともある　83

第三章　大切なのは、大人全体で向き合うこと　89
1　当事者はいじめをなかなか認められない　90
2　加害者とされた子へ丁寧な対応をしよう　95
3　自分の子どものころを思い出そう　98
4　「いじめられている」との訴えが届いたら　102
5　「当事者」でない子どもはいない　106

6 友達を傷付けてしまったら 109
7 不登校の子どもをできるだけ「特別扱い」しない 113
8 多くの悩みや問題を解消するための「チーム学校」 119
9 問題発生後の保護者説明会 122
10 第三者調査委員会に思うこと 124
11 子どもと答えを求めない会話をしよう 133
12 私はこんな親でした 135

第四章 「自由の翼」を考えるワークショップ 141

1 「心のお天気」 142
2 「赤いハート」 144
3 「振り返り」 146
4 ワークショップ後の「三つの質問」 149
5 「リテラシー」について 154
6 子どもたちの声 159

あとがき 167

序論　いじめの現状

——文部科学省の調査を検討する

本書に入る前に、文部科学省「令和5（2023）年度児童生徒の問題行動・不登校等生徒指導上の諸課題に関する調査結果」について触れておきます。

23年度に認知されているいじめの件数は小中高の合計で72万9244件とされています（特別支援学校を含めると73万2568件、資料1）。20年度、一時的にいじめ認知件数は減少しました。これは新型コロナウイルス感染予防のための全国一斉休校や、リモートによる授業への移行などで、子どもたちの接触の機会が減ったことによる影響と考えられます。しかしその後生活が戻るとともに増加し、23年度には過去最多件数となっています。認知件数は、年齢が上がるほど少なくなっています。小学生の時は気軽に教員に相談できていたことが、年齢とともに自律心や大人への不信感が芽生え、相談しづらくなったということではないでしょうか。高校生のいじめの認知件数は、実際の発生件数と大きな差があると想像できます。

実際に認知されているいじめの件数からして、これを起因とする不登校は多いだろうということが予想できます。なお、いじめの認知件数については、学校がいじめとして認知した数ですので、実態とは差があると思いますが、不登校に関しては、より現実に近い数字と思われます。

調査によりますと、近年不登校は激増しています。特に多いのが中学生で、およそ15人に一人が不登校の状態です。23年度時点では、小中高合わせて41万人以上の子どもたちが不登校の状態とな

資料1　いじめの認知（発生）件数

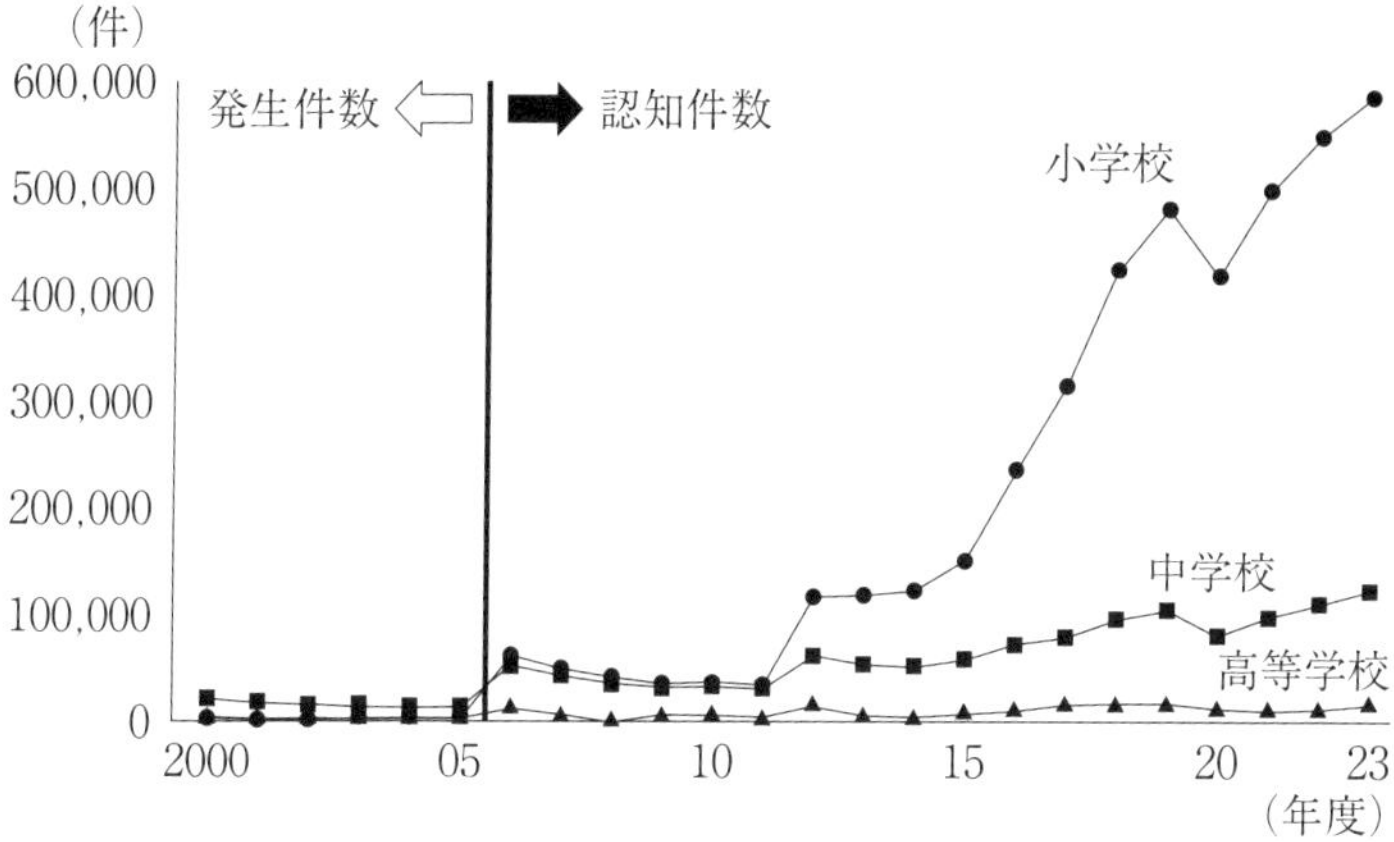

出典：「令和5年度児童生徒の問題行動・不登校等生徒指導上の諸課題に関する調査結果」（文部科学省、2024年10月31日発表）より作成

っています（資料2）。この数字を、皆さんが住む自治体にある学校の全校生徒数で割ってみてください。仮に1校500人だとすると、全国で約830校分の生徒が不登校という実態が見えてきます。このように、何校分に相当するのか確認していただくと、重大事態であることをさらに実感できると思います。

同調査では、「いじめの被害の情報や相談があった」のは約1・3パーセント（不登校の児童生徒41万5252人中5063人）とされています。ただ私は、これも事実とはかけ離れた数字だと考えています。講演先の先生方とはいろいろお話をしますが、私の知る限り、この数字に同意する先生は一人もいません。現場の先生方は「この数字は違う」「（いじめを原因とした不登校は）こんなに少ないはずはない」とはっきり言っています。「いじめと不登校は関係な

資料２　不登校児童生徒の推移

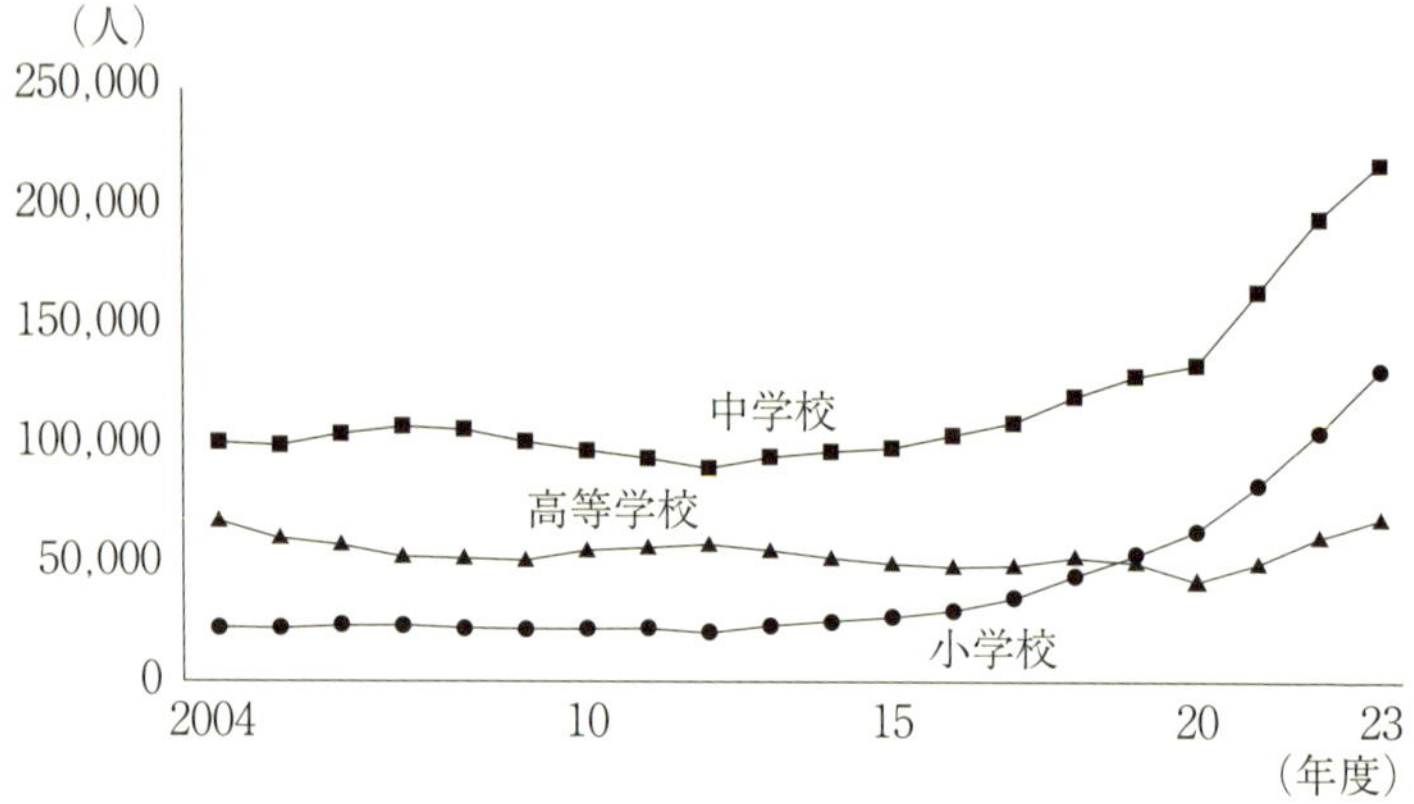

出典：資料１と同じ

い」と考えている先生はいません。文部科学省と現場の感覚がまるで違う、これは縦の関係でそれぞれが違った対応をしてしまうことに繋《つな》がりますので、大問題です。なぜこのようなことになるのでしょうか。それは、大人が問題に真摯に向き合わず、子どもたちを置き去りにし、傷付いた子どもたちの心を無駄にしているからです。それが如実に数字として現れたのではないでしょうか。

　続いて、いじめと自殺の関係についてです。２０００年代に入ったころは、年間１４０人ほどの子どもたちが自殺をしています。平均して２～３日に一人ですから多いと思うのですが、11年度には年間２００人を超し、20年度には年間４００人を超える子どもたちが自ら命を絶っています（資料３）。子どもたちが自殺を選んでしまう背景には極度の精神不安やストレスがあると考えられますが、23年度に自殺した児童生徒（小学生～高校生）が置かれていた

資料3　自殺した児童生徒の推移

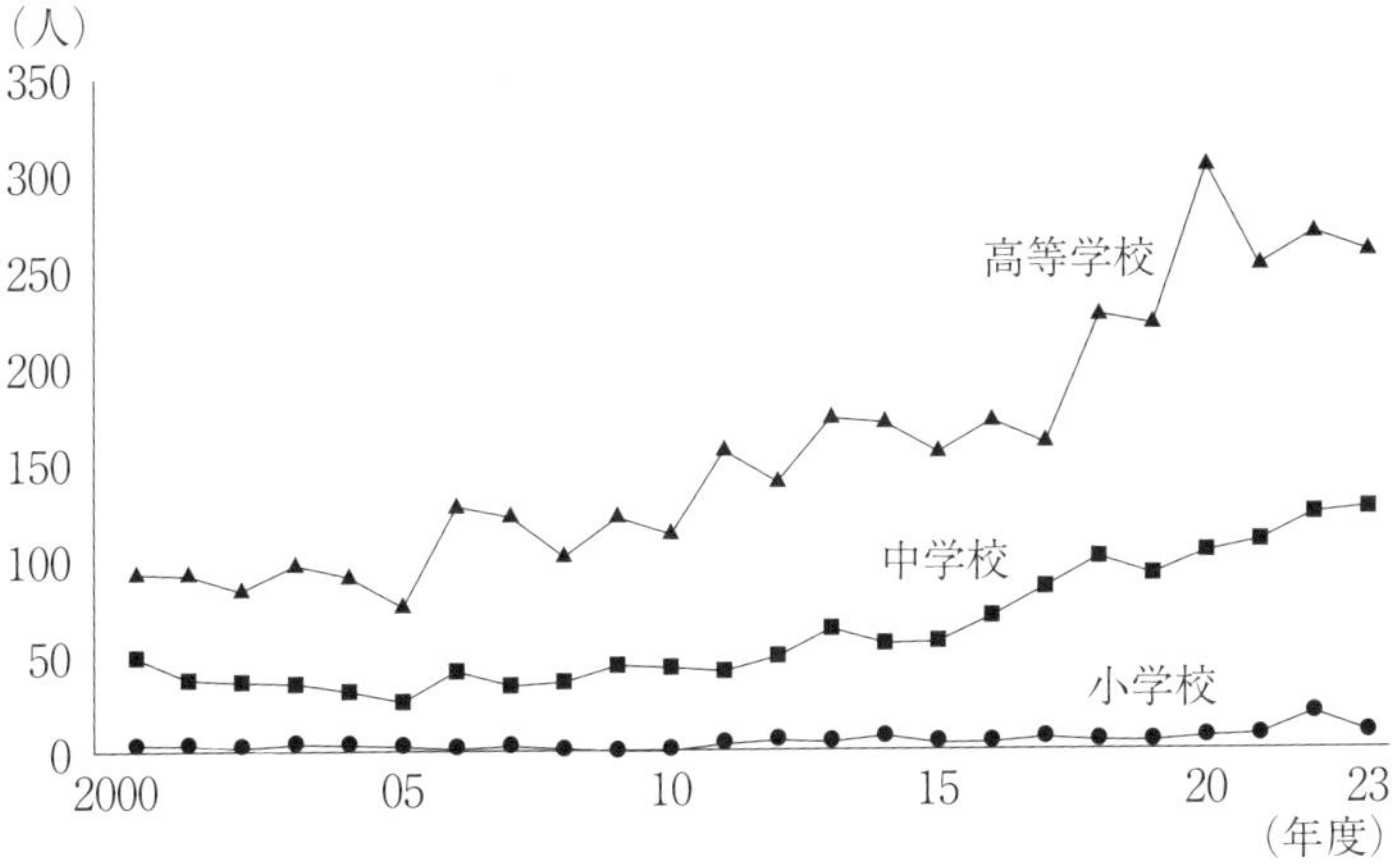

出典：資料１と同じ

状況で、「いじめがあった」とされたのはわずか１・８パーセント（自殺した児童生徒397人中７人）であり、約47パーセント（186人）が不明とされています。文部科学省での数は教員のフィルターを通しているので、当事者の認識とは大きな差が生まれます。いじめが原因で自殺しているとされたのはこの年度で７人との調査結果ですが、いじめを見逃していた（または軽視していた）可能性はあります。半数近くの子どもの自殺の原因が不明なのは、初動調査が確立されていないからです。大人が子どもの命に対して真摯に対応しておらず、その結果として正しい検証作業がなされていないのです。間違った初動対応を容認し続け、事実を知ろうとしないまま不明となっています。本来は人の死に対して「原因不明」という項目はあってはならないはずです。ちなみに私の娘が自殺した原因は「いじめ」ではなく「その他」に分類されています。

また、学校の先生が減り続けているという問題も解決の糸口が見つかっていません。文部科学省の「教師不足に関する実態調査」によると、21年度5月1日時点で教員定数に対する不足は、小学校で979人（教員不足が起きている学校は794校）、中学校で722人（同じく556校）です。担任がいない教室、授業ができず児童生徒が自習をする、管理職が授業をするのは当たり前――そういう状況です。そして差し迫った問題として、ベテランの先生がこれから退職し、現場はますます多忙を極めるのです。先生をさらなる多忙へと追い詰めるこの問題を、今のまま積み残しにすることこそ重大事態です。教職員の数が少ないことに加えて、精神疾患により休職する教職員の数は近年増え続けています。22年度、教職員の精神疾患による病気休職者数は過去最多（休職者6539名、全職員の0・71パーセント）です。もちろんこれらすべての原因が、不登校や子どものいじめというわけでもないと思いますが、それほど追い詰められているのは確かです。

言うまでもなく、間違ったエビデンス（証拠、裏付け）を元に正しい対策は立てられません。今記した例のように、いじめや学校問題を専門とした多くの研究者の皆さまの持つあらゆるエビデンスと、私の耳にしたことや感覚との間に違いがある場合もあります。逆に、さまざまな研究発表と符合するところも多々あると思いますので、ぜひそれらエビデンスと読み比べていただくのもいいかと思います。

第一章　いじめについて誤解していませんか？

1 「被害者は弱い子」なのか？

活動を通じて多くの人に出逢《であ》ってきましたが、「弱い子はいじめられる」と考える人が結構いらっしゃると感じています。本当にそうでしょうか。いじめが起こるのは被害者側の責任で、被害者が強くなればいじめは解決するのでしょうか。「いじめられる側にも原因はあると思いますか？」と問われた時、皆さんは何と回答するでしょうか。ＹＥＳ？　ＮＯ？――この問いに対して多くの人が「ＹＥＳ」と感じてしまうようです。

私たちは法人活動として、いじめ（心と体への暴力）で命を奪われた子どもたちのメッセージを展示会などの場で展示して、いじめについてより深く考えてもらう機会を提供しています。ある日、20歳前後と思われる男性2人がそれらのメッセージを見た直後に、私の前を通りすぎながら、「何だかんだ言っても、結局はいじめられている子にも原因があるんだよな」と言っていました。これが現実のようです。

では視点を変えて、「そこに何か理由があれば、人は人を傷付けてもいいと思いますか？」と問いかけられると、多くの人が「ＮＯ」と理解してくれます。学校や家庭でも、このことを子どもたちと一緒に考える時間を今一度設けてはどうでしょうか。「人に傷付けられても仕方のない人」はいないと確認できるはずです。それと同時に、「人を傷付けていいという権利を持った人」も、この地球上に一人もいないはずです。

一人一人みんな違う存在であるという当たり前のこと、それを認め合うことを、まずは大人が認識しなければならないと感じます。一人一人の違いを認め合うというのは、いじめ問題に向き合う上での基本となります。大人が求める答えを子どもに提示するのではなく、大人と子どもがともに考える時間を提供したいと思っています。

そもそも私は「強い」「弱い」という表現で人を分断することに抵抗を感じています。「弱いといじめられる、いじめられないように強くなれ」というメッセージは正しいのでしょうか。「肉体と精神、ともに強くなることがいいことである」と社会が決めつけていて、その感覚を押しつけられているように感じます。「弱いより強い方がいい」――何を基準にどう比較できるのか分かりませんが、多くの人がそう考えているように思えます。

人は、強くならなければ幸せに生きることができないのでしょうか。「強くなれ」と大人は子どもに言い、それを求められていることを子どもたちも感じています。何か問題が起こった時、最初は状況を判断しながら抵抗ができたとしても、時とともに自分の中に責任を探してしまうようになる傾向があります。正しい現状把握が困難になると、「自分に責任（原因）があるのではないか」「自分が弱いからいけないんだ」と自らを責めてしまうのです。その先に思考停止をしてしまう可能性もあります。子どもたちが大人に相談できない原因の一つに、「強さこそ幸せな人生のために必要なこと」「強くなければならない」と教え込まれていることがあるのではないでしょうか。

「人は強くならなければならない」、もしそれが事実であるとしたなら、「そのままのあなたでいいんだよ」という言葉を否定することになります。これはたいへん大きな矛盾です。詩人の金子みすゞの「みんなちがって、みんないい」は、小学生も知っている言葉です。この言葉の真意を理解していないということで、その場しのぎの言葉となってしまいます。

人は皆個性があり、関心を寄せる趣味や、得意不得意や、好き嫌いも違います。力不足や欠点と捉えられる部分もあるはずです。しかし同時に、何が普通かという基準はないはずです。目には見えない自分だけの定規で人を測り、そのままマスに押し込んでしまう癖は、なかなか消し去ることが難しいようです。

考え方の方向性が似ていて気の合う人はいます。しかしそれでも一人一人違うはずです。自分にない部分、不得意な部分を誰かに補ってもらう。また、自分にできることがあり役に立てればそれをやる。互いに補い、違いとして認め合い、手を取り合って支え合いたいと思います。

当然のことではありますが、人は人を傷付けてはならないという共通認識に立ち返ることが必要です。しかし現実は、強いと思い込んでいる人が、弱いと認識した人を傷付けてよいというような道理がまかり通っています。それは被害者に対する認識「あなたにも原因がある」「あなたが弱いから」に集約されています。

教員が問題の本質を見極め、子どもを支える基盤をつくり、そこに子ども同士の繋《つな》がりができることで、支え合いが生まれます。その力は教室から学校全体に広がるでしょう。今こそ、互いの違いを知りそこを認め合い、居心地のいいクラス、学校、地域となることを心から望みます。学校と保護者との連携が生まれれば、地域へと広がる可能性を秘めています。その力を発揮できる要とも言える存在が学校だと思います。

言うまでもないことですが、人は支え合いながら生きています。私も支援を必要とする場面には何度も遭遇し、周囲の人の支えによって今生きることができています。支えが必要な部分を「人の弱さ」と表現するのであれば、肉体的にも精神的にも支えが必要なのですから、人はすべて弱いと捉えられます。一方で支えることもできるのですから、人はすべて強いのです。「強い人・弱い人」というボーダーラインを引き、言葉で分断することに違和感がつきまとうのです。強弱ではなく、互いにないものを補う立場として、同列でいいと思うのです。

他者の心を傷付けない、肉体への暴力を振るわない、やり返さない、そんな共通認識を多くの人が持ち、次の時代へと引き継ぎたいのです。その実現こそが、楽しく居心地のいい学校や地域を生み出すために、一人一人に求められているものではないでしょうか。

強さの象徴が強靱《きょうじん》な肉体ややり返せる力だとしたなら、いじめ問題は解決しません。強い者が勝ち、弱い者は負けるという構図が成り立ってしまいます。その結果、いじめられている子に「弱い子」というレッテルを貼り、「弱いからダメ、強くなりなさい」となってしまうのです。この認識を大人は払拭しなければならないと強く思います。あえて「強さ」の定義を探すなら、大切なものを守り抜くため非暴力を貫くことなのではないでしょうか。肉体の強靱さ、「やり返すぐらいの強さ」を指すものではありません。大人がこの共通認識を持って子どもに向き合いたいと思います。

2 「いじめられる原因がある」という被害者責任論

「いじめられる側にも責任（原因）はある」。その認識が、人の心を深く傷付け、取り返しのつかない事態を生み出しています。それを社会に広く認識してほしいのですが、間違ったメッセージがさまざまなメディアから流布され続けているのが現状です。あるテレビ番組では、いじめを乗り越える力が必要と訴えていました。乗り越えることのできた数名の声を参考にして、被害者がそれぞれの発想で行動を起こし乗り越えることを提案していました。この番組以外にも、被害者がストレスと上手く付き合う方法を学ぶ、夢中になれる趣味を見つけ没頭する、信頼できる人に相談をする、さらには、いじめとたたかえとでも言いたいのか、「いじめから逃げるな！」というメッセージの発信もあります。すべて被害者に行動を促しているのですが、自尊心がすでにボロボロになっている状況で何ができるのでしょう。いじめは被害者が解決しなければならない問題で、被害者にも何かしらの原因があると受け取られてしまう可能性があります。

被害者への過度な期待や無理強いは、被害者をさらに追い詰めます。被害者に行動を促すことは、被害者責任論に繋がる危険なメッセージと感じます。もし解決できず重大事態へと悪化してしまった場合、被害者は解決能力がなく乗り越えることができなかった、と捉えられてしまいます。それに加え、これでは加害者の反省を促すことはできません。この加害者が次の社会をつくるのです。

自分の特徴を指摘され、それを揶揄《やゆ》するあだ名を付けられつらいと感じた時、その身体的な特徴を矯正しなければならないのでしょうか。私は子どものころ身長が低く体も小さく「ちび」とあだ名を付けられたことがありました。それほど気にしていたわけではありませんでしたが、そのあだ名が好きではなかったのは事実です。仮に私がこれをいじめだと感じ苦しんでいたとしても、身長を伸ばすことはできません。

被害者責任論が横行している現実を是正しなければなりません。いじめが起こった時に加害者が被害者に責任（原因）を押しつけ、「あの子が〇〇だから」「あの子が悪い」などと、相手の責任にして自分の正当性を誇示する場面があります。問う大人自らが加害者に「どうしていじめたんだ」と被害者の責任を探させるような質問をしないように気を付ける必要があります。実は「どうしていじめたんだ」というこの言葉、悪気なくつい言ってしまう言葉のようです。

いじめやそれに関わる自殺のニュースを耳にした時、「自殺した子の性格にも問題があったのではないか？　自殺するような子どもを育てた保護者にも原因があるのではないか？」という声を耳にします。被害者責任論にして問題の原因を被害者に集約させてしまうと、なぜいじめが発生したのかという本質が見えなくなります。発生以前の経緯や問題など、さまざまな調査を省くこともできます。いじめ対応として被害者側に原因・責任があると考えることはとても簡単なのですが、根本が明らかになりませんので、再発防止には繋がりません。被害者責任論の観点で見てしまうのはたいへん危険なのです。

例えば、原因発生から鬱状態になるまでの経緯を探っても、「これぐらいのことで」と原因となる出来事や問題そのものを第三者が軽視し、被害者の感じ方を勝手に判断することになってしまいます。心に受けた傷の痛みは、本人以外知ることはできないのです。

被害者責任論の意識が払拭できないままですと、加害者の背景など、問題の本質となる重要な部分が覆い隠されてしまい、再発防止へと導けなくなってしまいます。被害者責任論によって、再発防止策の議論の機会が奪われてはなりません。加害者に反省を促し、そこから立ち直ることに、大人が加害者の悩みに併走しながら反省へと導くことがたいへん重要です。

また、いじめ被害者の中には「適応障害」と診断される人がいます。適応障害とは、簡単に言えば、その環境にうまく適応できず、さまざまな症状や問題が出現して社会生活に支障をきたす状態のことです。不眠などの問題を解決するためには、まず医師へと頼ることが大切です。精神的に疲弊し発症した場合、その症状を緩和・軽減させ、ゆっくりと考え対応していく力を生み出すこともできると思います。ただ、根本の人間関係に対して、医師が何かしらの対処をすることはできません。そもそも医師は、問題の仲裁や解決をする仕事ではないのです。

医師の中には適応障害となる人の性格など、個人の特性を原因の一つに挙げる人もおり、これは被害者責任論に繋がります。遺族として他のご遺族とお話しする機会がありましたが、「心の専門家だと信じて精神科医を頼っても、簡単なカウンセリングのみで決めつけられて、こちらの想《おも》いを汲《く》むことなく診断だけがされ、かえって傷付いた」という話も伺いました。患者やその家族にきちんと寄り添って、必要な対応を考えてくれるような医師に巡り合えれば救われるものですが、すべての精神科医がそうであるのかは疑問です。

精神的な病に対する病名は、主治医の面談やさまざまな診察によって判断基準はあると思いますが、最終的には医師の判断となります。血液検査で分かるような基準ではなく、先行研究などを参考にしながら、患者を総合的に診て判断するしかない——要するに医師の力量に委ねられるため、もし医師が学校の問題やいじめ問題を深く知らないとしたなら、間違った判断がされかねない危険性もあります。医師が「その子の普段の状態」を把握できておらず、「その子の来院時の状態」だけを見た場合、そこから間違った判断をする可能性があるのです。発症した原因がいじめであった場合、医師はそのいじめ加害者との接触はしないので、問題の中立的な立場でいることは不可能です。

「被害者が病気だからこの事態が起きているのか？」と言えば、いじめの場合はそうではありません。被害者がいじめのある教室に恐怖を感じ入れなくなるのは、当然の反応です。ずっとそんな恐怖に支配された場所にいれば、大人でも子どもでも精神の崩壊に繋がります。パワハラやいじめなどの強いストレス、その他人間関係などで過大な精神的負荷を与えられれば、人間は適応できるはずがありません。当然な反応であるにもかかわらず、適応できない人に「障害」と名のついた診断がされてしまいます。これもある意味、「被害を受けた人が精神的に弱かったのがいけない」という被害者責任論に繋がってしまわないでしょうか。

2013年にできたいじめ防止対策推進法（以下「いじめ防止法」）でのいじめの定義は、「児童等に対して（中略）当該児童等と一定の人的関係にある他の児童等が行う心理的又は物理的な影響を与える行為（インターネットを通じて行われるものを含む。）であって、当該行為の対象となった児童等が心身の苦痛を感じているもの」とされ、被害を感じている人の気持ちを優先しています。本人がいじめだと感じたら、まずは、いじめが発生しているという前提で大人は動き出さなければならないのです。本人があまりにも過敏に反応していると感じたとしても、この前提は同じです。すぐに動き出し状況を把握し、対処しなければなりません。本人が痛みや苦しみを感じているかどうかが基準ですので、医師でもない第三者が「大したことはない」「これぐらいのことで」などと判断することはできないはずです。いじめられていると感じる人の責任ではないのです。「あのいじめを止めてほしい」、その願いに応えられるのは、被害者の周りにいる人々です。

重ねて確認します。被害者責任論で問題を解決することはできません。もちろん、学校の初動を含む対応に問題があることや、その後保身のために事実を隠蔽すること、虚偽報告をすることは絶対に許されません。時は戻すことができないのですから、いじめや自殺に至るまでの経緯については事実に基づいて検証をするしかないのです。再発防止にはそのことが何より重要です。

問題に関わったすべての人々が、それぞれ自分の立場からできたであろうこと、間違いを探し出すことこそ、最優先に行われなければならないことであるはずです。それぞれの立場での反省、これが再発防止のための礎です。

3「なんでいじめられるのだろうね」？

ある小学校低学年のAさんがいじめを受けた時のことです。心配したAさんの親御さんは、担任の先生に相談しました。先生もじっくりAさんの話を聞いて、そのつらさや悲しさに寄り添ってくれたそうです。その後その情報は教頭先生とも共有され、さらに詳しく話を聞き今後の対応について話し合うなど、学校が動き出しました。

ある日、校長室でAさんの話を聞き終わった後、教頭先生が「今日は教室に行ってみる？」と尋ねました。いろいろ聞いてもらい苦しみに寄り添ってもらった安心感があったのだと思いますが、Aさんは「教室に行く」と言いました。教頭先生はAさんと手を繋ぎ、教室に向かいました。教室に向かっている途中、何気なく「なんでいじめられてしまうんだろうね」と問いましたが、Aさんはこの言葉に大きなショックを受け、結果的に不登校になりました。教頭先生の一言が、Aさんには「あなたに何か原因があるからいじめられたんじゃないの？」という意味に聞こえたのです。自分の責任を問われたと感じ、想いを受け止めてくれなかったとショックだったのでしょう。教頭先生に悪気はありませんでしたが、Aさんの受けるダメージが想像できなかったのです。

残念ながら「いじめられる側にも原因がある」という誤った考えが、大人だけでなく、子どもにも蔓延《まんえん》しています。大人からのメッセージはそのまま素直に子どもへと引き継がれているのです。「なんでいじめられるのだろうね」という一言は、被害者側にその原因を探させることになるため、フォローになっていないのです。

また、いじめを発見した時いじめ加害者に「どうしていじめたんだ？」と、これもまた大人は悪気なく、何となく言ってしまう言葉なのではないでしょうか。この言葉は、加害者がいじめた原因を相手の言動に求めるきっかけを提供していることになります。そこでもし大人が、「そういえば、いじめられているあの子にもそういうところあるよね」などと同調した場合、その時点で被害者責任論は成立してしまいます。そこに終着点を置き幕引きすれば、加害者に真の反省を促すことが難しくなり、被害者の傷はより深くなり、大きな仕返しをすることも十分考えられます。原因が解明されず再発防止も構築できない対応は、たいへん危険です。いじめ対応で言ってはいけない言葉を探し出し確認すると同時に、大人の被害者責任論に対する意識を変えることが重要です。

もしあなたが「実はこんなことがあるんだ。やめてほしいんだ。つらいんだ」と告白や相談をされたら、決して「あなたにも原因があるんじゃないの？」と言わないでください。

その他にも、被害者責任論に繋がる言葉はたくさんあります。「どうしていやだと言わないの？」「あなたも弱いところがあるね」「性格を直した方がいいのでは？」……。まだまだありそうです。探してみてください。

いじめ被害者と同じように、性被害に遭った人も時に「いやだと言わなかったあなたにも責任がある」などという言葉をかけられています。近年、性加害の問題がクローズアップされて以降「魂の殺人」という言葉をよく耳にするようになりました。一度の被害でも人生を大きく変貌させられたり、被害自体をすぐに理解できずに気付くまでに時間がかかってしまったり、パワーバランスの中で不可抗力に陥り不本意なまま傷が深く刻み込まれてしまったり……。その深い心の傷を負ったまま生きる人生を想像してください。どの問題にも共通して言えることですが、被害者が声を出し、それが社会に認知されなければ、心の傷は誰にも見えず、気付かれないまま人生が終わるのです。生気を失った魂でただ肉体だけが生き続ける、これほど理不尽なことはなく、このようなことが許されてはなりません。

4 「子どもの問題だから、子ども同士で解決させる」？

「子どもの問題は子どもたちで解決してほしい」と思っている大人は少なくないと感じます。「子どもの問題に大人が首を突っ込むのはよくないのではないか」という発言は何度も耳にしました。しかし、子どもだけでの解決は難しいと思います。大人でも、一度こじれた人間関係を元通りに修復するのは、たいへん時間もかかり難しいと感じているからです。大人であれば一定の距離を取るなどの工夫をし、割り切るということで、一応の気持ちの整理をすることができるかもしれません。無理やりにでも表面的な沈静化を図り、何もなかったかのように取り繕う、という場合もあると思います。それでも、しこりを残さず元通りの関係に戻すのは、簡単なことではありません。「子どもたちの問題だから子どもたちで解決して」というのは、大人自身が困難と感じていることを子どもたちに強いているのです。大人のような術《すべ》を持たない子どもにそれを強いることは、やはり酷だと感じています。

残念ながら、私たち大人は、子どものいじめ問題を今まで解決できずに、最悪な状況を生み続けています。現状としては、解決のための手法はまだ確立されず、糸口さえ見つかっていないと言っても過言ではありません。やっていることは、増加し続けるいじめの数を追うかのように、発生後の調査や対応ばかりです。いじめをなくす・減らす方向の手立てはまったく足りておらず、根本的な解決にはほど遠いのが現実です。大人が解決できなかったいじめ問題を、子どもたちに丸投げしていいはずはないのです。

子どもたちは、今起こっている問題を、経緯とともに優先順位を考えながら最後までうまく説明できるでしょうか。時系列を追って、論点を整理しながら説明するのは、簡単なことではありません。ご自身が小さかった時のことを思い出してみれば、それが容易ではないことが分かると思います。子どもの場合は語彙《ごい》力も大人とは大きな差があり、年齢が低ければ低いほど困りごとを言語化できません。年齢が上がっても十分ではないはずです。子どもは時に感情的になることもあり、勘違いをしている可能性もあります。せっかく子どもが説明してくれても、問題の背景が見えにくいと、解決はさらに困難になります。

だからこそ大人が子どもをサポートすることが必要なのです。事の経緯や心情をなるべく冷静に聞き取り、整理するのが大人の役割だと思います。その役割を果たすためにも、最低限の知識を身に付けなければなりません。基本的には、やってはいけないことを知り、やらなければいけないことの準備をしておくことだと思います。そして、子どもたちの協力を得て、協力者を増やすことで教室の空気を変え、解決へと導きたいと思います。詳しくは後述します。

5 「やられたらやり返せ」

ある小学校での講演で、子どもたちに次のように聞いてみた時のことです。

「大人から『お友達をいじめてはダメだよ』って教えてもらったよね。でも『やられた時はやり返していいよ』とか『やり返すぐらいの強さだって大切だよ』って教わった人はいるかな?」

それに対して、半分ぐらいの子どもたちが手を上げたのです。他の学校でも同様でした。多くの子どもたちが「やり返してもよい」との認識を持っているのです。なかなかいじめが解決しない時に、大人たちが子どもに対して「あなたがやり返さないから」「やられっ放しだから」と、やり返さないことを「弱さ」と捉えて、やり返すことを肯定してしまっていることもあります。

「やられたらやり返せ」と当然のように教えている大人たちがあまりにも多く、驚愕《きょうがく》します。「やられたらやり返す」という理屈が受け継がれ広がってしまった結果、いじめ発生時に子どもたちはやり返し、いじめの連鎖が起こり、解決できないほど問題は深刻化しています。ただでさえ教員不足で多忙な学校現場を、さらなる多忙へと追い詰め、子どもたちはもちろん関わる大人たちも心と体を疲弊させてしまうのです。学級崩壊は、先生が子どもや保護者との信頼関係を失ってしまうことに繋がります。

被害者は、解決に時間がかかれば、時に感情を制御しきれなくなることもあります。やり返すという行動に出てしまうことも多々あります。限界を超えてしまう事態となる前に、早期の解決が重要です。やり返すということは、結果的に自分も加害者と同じ行為をしたので、本来の加害者に「あいつだってやってきたから」という言い訳の場を提供してしまうことにもなり、問題はさらに混迷します。被害者がこの「やり返す」行動に出てしまう前に解決しなければならないのです。

「ならば（やり返されないくらいに）思い切りやり返せばよい」ということではないのです。仕返しがこないほどにやり返すことは、一時的な沈静化を生み出すことはできたとしても、これは問題の解決ではありません。子どもの心には、大きな傷が残ります。悔しさ、悲しさ、怒り、恨みは、心に争いの種として残り、その種は日々育ち、小学生の時にいじめを受けた児童が年齢を重ね、体格や友人関係も大きく変わり、反撃できる環境が整い、復讐心《ふくしゆうしん》から事件へと繋がってしまうことも起こっています。ただし、事件となるのは氷山の一角にすぎず、事件になっていなくても心に大きな傷を残したまま生きている人が多いと思います。いじめの傷は簡単に癒えません。加害者への憎しみと怒りの感情が払拭できず、この感情とともに大切な人生を生きるのはあまりに残酷です。やり返すことでいったい何を生み出しているかを、もう一度認識しなければならないのです。

とある講演の後にこのようなことがありました。感想文に「あなたの話は綺麗事《きれいごと》。私は私の子どもを守るため、今後もやり返すように教えます」と書いてあったのです。それと同じ言葉を直接、私に伝えに来た親御さんもいました。大人がここを理解できないと、かえって子どもを苦しめる結果になってしまう、ということがなかなか共有できない場合もあるということです。

今でも多くの大人が、やり返すことが「強さ」であり、正当な権利と認識し、いじめの解決策として子どもに教えています。裏返すと、これは被害者に対して、「やり返せない子は弱い子」という考え方を押しつけることになります。「やり返せる強い子」「やり返せない弱い子」と、人を分断しているのです。一方、講演直後にその場で書いてもらった子どもたちの感想文の中に、いじめで亡くなった子どもの印象について、「やり返さない、強い心を持っていた子」と書かれていました。また、いじめている子や、やり返している子に対して非難をして、そちらに対して「弱い」と認識しているものもあります。「やり返す弱い子」「やり返さない強い子」、という構図です。講演を聞いてくれた子どもたちと大人の認識が真逆になったという場面もあったのです。

いじめの連鎖は、時を置かずに教室の空気を一変させます。様子を見ながら対策を立てている時間的猶予はありません。やり返すことによって、いじめが巡り巡って自分に戻ってきた時には、もっと大きな問題が待ち構えています。混乱は深まっているはずです。子どもたちは、いつそれが自分の身に降りかかってくるのか怯《おび》えながら、緊張の日々を過ごし、気付けば学級崩壊という事態になるのです。これでは大人と子どもたちの不幸を生むだけです。

やられたらやり返す、このいじめの連鎖はいったいどこで終わるのでしょうか。どちらかが疲れ果てて、やり返す気力が失《う》せた時でしょうか。子どもが学校を卒業するまでその緊張は続くのでしょうか。どちらにしても最悪な状況です。「(いじめられないように)強くならなければ」とこちらが準備すると、相手も当然「もっと強くならなければ」と準備します。この繰り返しでは、解決は望めません。真逆の方向に向くのです。

すべての大人が子どもたちに「自分がされてつらいことや悲しいことは、他の子にしてはいけないよ。やり返してはいけないよ」と伝えたら、今の状況は大きく変わるのではないでしょうか。あなたが学校の先生、クラスの担任であると想像してみてください。全員が「やり返せ」と教わったクラス。全員が「自分がされていやだったことは他のお友達にしないように」と教わったクラス。どちらのクラスの担任をやりたいですか?「やられたらやり返せ」という理屈は、関わったすべての人の心を傷付け、人の繋がりを壊します。

それを防ぐために、人にとって深い心の傷はどのような作用をもたらすのかについて知る必要があります。病気になるのは肉体だけではありません。心の傷を起因とする病気は、誰にでも起こり得るたいへん危険なことであるという認識が必要です。問題が大きくなり長引けば、人の繋がりが壊れる可能性は増大しますので、今起きている問題をそれ以上大きくしてはなりません。そのためには、やり返してはならないのです。それをすべての人が理解する必要があります。

6 「仲直りの会」「謝罪の会」

「仲直りの会」「謝罪の会」とは、喧嘩《けんか》やいじめがあった場合、両者を呼んで互いに謝罪するように促し、握手をして仲直りをさせる、という手法の名称です。今も多くの学校がいじめ解決策の1つの手段として実施しています。しかし、これはいわゆる喧嘩両成敗というものです。喧嘩両成敗は、互いに非があることが前提となります。被害者の立場からしますと、加害者への謝罪を強要されることになりますので、これでは納得がいくはずがありません。加害者も、いじめがバレてしまったことから、焦って動揺し冷静さが欠けてしまうことも考えられます。その折、自身の責任回避のため相手に責任を押しつけることも想像できます。加害者に真の反省を促す手法としては間違いです。

なぜ今までこの対応がされてきたのでしょうか？　言い換えれば、なぜ喧嘩両成敗について誰も疑問を感じなかったのでしょうか？　それは、あらゆる問題に対して「被害者責任論」が蔓延しているからだと思います。被害者に責任の一端を押しつけておけば、発生した問題を調査し背景を探る手間が省けますので、仲介している大人にとってはとても簡単です。被害者に「もっと強くなりなさい」「あなたにも直した方がいいところない？」「やめて、いやだって言わなかったの？」など、被害者に責任や原因を追及したことはないでしょうか。加害者が被害者について非難した言葉に対してそのまま「そういえば、そういうところあるよね」などと同調していないでしょうか。

「お互いに悪いところがあったよね」と仲裁し、とりあえずお互いに謝罪をさせれば、表面上解決したように見えるかもしれません。しばらく収まったかのような状況が生まれ、少し時間かせぎができるかもしれません。そしてその後も「しばらく様子を見る」「見守る」ということになり、このまま終息することを願うようになります。しかし、これはいじめ対応としては間違いです。チクられた（告げ口をされた）と感じた加害者が、水面下でより陰湿ないじめをするようになるかもしれません。その場合、当然二度とバレない・チクられない方法でいじめることになりますので、傷は深まり、解決から遠のくだけです。

喧嘩両成敗は、結果的にいじめを助長させます。謝罪が必要であるというのは言うまでもありませんが、両者に謝罪を強要するのは間違いです。そもそも、いじめられている側にとっては、被害者であるにもかかわらず不本意に謝罪させられるものです。納得がいかないのは言うまでもありません。被害者に非などないからです。そのような方向へ誘導しないように配慮をお願いします。

被害者が学校に望むのは、加害行為をしてしまった側に反省を促し、謝罪へと導くことです。「あの加害者とはもう関わりたくない」と思っている子どももいると思いますが、傷付いた心を抱えながら「せめて心から謝ってほしい」と願っている子どもも多いはずです。教員が心の傷を理解してくれないだけでなく、さらに加害者に謝罪させられた子どもは、相談するとよけいに傷を負うということを学んでしまいます。そして、「二度と誰にも相談したくない」という心理が生まれてしまう可能性があるのです。大人の対応のいかんによっては、困りごとがあっても相談を躊躇《ちゅうちょ》するようになってしまいますので、その子どもの一生に関わる大問題であると思います。また、被害者に責任を負わせて解決を装っていては、真の原因追及ができないので、再発防止策が構築できないのです。

強い心を育てる教育をテーマとした教員研修もありますが、これは偏りすぎると被害者責任論に繋がる可能性が含まれます。感情のコントロールは大切ですが、喧嘩両成敗を助長させることのないように留意する必要があります。間違った初動対応の是正こそ、現場に望まれるのではないでしょうか。事実の確認ができないまま、喧嘩両成敗と同様の「仲直りの会」「謝罪の会」をし、それで解決としてしまうことがきわめて危険であることを、あらためて確認したいと思います。

いじめている子どもの背景に何かストレスはないでしょうか。そのストレス発散の一つがいじめ行為として現れている可能性は少なくありません。「いじめをしていたころ、自分もつらいことや悩みごとがあった」と告白してくれる子どもがたいへん多いという現実があります。子どもが抱えている困りごと、悩みの背景に目を向けることが必要であるとご理解いただきたいと思います。分かってほしいこと、伝えたいことがあるかもしれません。いじめた側にこそ寄り添いが必要です。加害者とされた子どもは、まずは今自分自身が抱えている苦しみに気付いてほしいと思います。その境遇や体験を周りが理解し、自身のことを客観的に見られるようになることが重要だと思います。そこがなされない限り、相手の苦しみは想像できず、その結果反省は促されませんので、「告げ口された」という怒りの感情だけが残ってしまいます。自分自身の傷が見えた時に初めて、相手に与えた傷を想像できるようになるのではないでしょうか。加害者となってしまった子どももきっと「幸せに生きたい」という想いを心のどこかに抱えていると思います。その想いに気付いてほしいので、そのきっかけづくりとして、加害者の傷、その背景に寄り添ってほしいと思います。

両者をこれ以上傷付けず、問題をさらに大きくしないため、大人は何をすればよいのでしょうか。一度生まれた大人への不信感は、その後二度と相談をしてくれないことに繋がります。その状況だけは避けなければなりません。いじめの対応を「指導」と呼ぶことから上下関係や誤解が生まれているように感じます。私はいじめの解決とは、そのいじめている子どもに、愛される心地よさを心から感じてもらうことからスタートすると考えています。

被害者の子の話を聞く機会が何度かありましたが、共通してさり気なく解決してほしいと思っていることが分かりました。クラスみんなで話し合うことや、直談判《じかだんぱん》は避けたいというのが被害者の心理ではないでしょうか。大人も、職場などでの人間関係は良好でありたいと思うのではないでしょうか。

7 「〇〇週間」「〇〇キャンペーン」

「いじめ根絶を目指して」「いじめはダメ！　許さない！」という自治体や学校が決めたスローガンとともに、子どもたちから集めた標語を校内に貼っている学校がいくつもありました。

子どもたちの標語の中には被害者への励ましや寄り添いなど、素晴らしい標語があり、子どもたちの感性に敬服したこともあります。「一人ではないよ」という言葉は、いじめのあるなしにかかわらず、すべての人に安心感を与える言葉だと感じました。ただ一方で、子どもたちの標語にも加害者へのメッセージが当然あり、一方的に反省を押しつけるものや、加害者への糾弾に繋がるものもあります。学校などが掲げるスローガンは、前述のようにほとんどが加害者に向けてのものですから、子どもたちに加害者を非難するような気持ちを与えるのは当然だと思います。

加害者の立場からすると、自分に反省を求めるそれらの標語が学校内の津々浦々に貼られているのですから、いじめをしづらい雰囲気は生まれるかもしれません。しかしその反面、学校がとても居心地の悪いところ、どこに行っても監視されているような気持ちが生まれるのではないかと感じたのです。この掲示はいじめが止まる（または起きない）効果があったとしても、それは一時的のような気もするのです。

個々がいじめ問題に向き合って標語を考えることは意味があると思います。ただし、加害被害の両者にはそれぞれの背景があり、この問題はたいへん根深いので、挨拶運動やこれらのキャンペーンだけでの解決は難しいのが現実です。いじめの問題に大人が真剣に取り組んでいることが伝わるような、さまざまな工夫が必要になるのではないでしょうか。

これは学校に限ったことではありませんが、自殺予防のキャンペーンでも、「死なないで！」「一人で悩まないで！」「話を聞かせて！」「相談をして！」というポスターを見かけます。その標語の多くが、今苦しんでいる人への投げかけのようです。傷を負っている人に自らの能動を促すメッセージですので、これも工夫が必要と感じています。そのポスターがきっかけで、示された相談窓口と繋がるなど救われた命も当然あると思いますので、一定の機能はしていると思います。ですが、より多くの人にこれが自身の問題であり、大きな社会問題であると認識してもらう、そういう気運が高まるような工夫もポスターの中に必要と感じます。

また、少し気になったのは、被害者サイドに対して自ら動くことや、考え方を変えることを求める風潮があるように見えることです。その結果、被害者が動けない自分をさらに責め、「自分が弱いのだ」という心情に追い込まれることを危惧します。疲弊しきっている心に「強くなりなさい」と言っているかのようなメッセージは心に届きにくいはずです。そのことから、これらのキャンペーンは、かえって社会に大きな誤解を生む結果となってしまうのではないでしょうか。

いじめは、一人一人が平等に持っている幸せに生きる権利を侵害されている問題です。「○○週間」「○○キャンペーン」などと一時的に問題提起するのではなく、それをきっかけとして認識が広がり継続することに重点を置き、取り組む必要性を実感します。３６５日人権週間です。真の人権教育を教育現場で実施することを願っています。

「一人ではないよ」――この言葉は、傷を負っている人のみならず、加害者にこそ伝えたい言葉です。

8　「傍観者も加害者」なのか？

多くの大人が疑うことなく「見て見ぬ振りをしているのは加害者と同じだ」と伝えています。被害者、加害者以外の周りにいる子どもたちは「傍観者」と呼ばれる苦しみを抱えながら教室にいます。

例えば、あなたが毎日通う学校や職場などで、仲間がひどい目に遭い続けていたとします。あなたは、それをやめさせること、そこから仲間を助け出すことができるでしょうか。友達を助けるということは、子ども社会では特に「次のいじめのターゲットは自分です。どんないじめでも大丈夫。

覚悟はできている」という被害者への立候補にも等しいのです。今のいじめの凄惨さを知れば、友達を助けることが簡単ではないと理解できるはずです。

一定の年齢になればほぼ全員がSNSを利用しています。東京都の調査では、小学生で半数近く、中学生では7割を超える子どもたちがスマートフォンでSNSを利用しています。SNSを利用したいじめが横行しているのはご承知の通りです。文部科学省の調査によれば、2023年度に起きたいじめの態様のうち、パソコンや携帯電話などを使ったいじめは2万4678件起きています。これは氷山の一角で、いじめとは呼べない友人間のトラブルはもっと多いことが推測できます。今行われているいじめは、20~30年前のいじめとは、その質と拡散の範囲がまるで違うのです。

近年のいじめの一例として、次のようなものがあります。

① さまざまなツールを利用して、連日恐喝や万引きを強要する
② 裸の写真や性的行為の動画を撮り、それを脅しの材料にする
③ インターネット上に個人情報をさらす
④ グループ内の複数が、あえて個人名を挙げずに一個人の誹謗中傷《ひぼうちゅうしょう》を繰り返し、孤独へと追い詰める
⑤ 出会い系まがいのプロフィール※を勝手につくる

これらはすべて命に関わります。実際に、こうしたいじめが原因で多くの子どもたちが自ら命を絶ったり、リンチに遭ったりして、心も体も殺されているのです。そこに至る入り口が、子どもた

ちの周りには常に存在しています。ＳＮＳの危険性を十分理解せず自ら危険なサイトへ近づいている問題もありますが、ここではあえて子ども同士の中で行われているＳＮＳでのやりとりに限定したいと思います。

大人に「傍観者」と呼ばれている子どもは、自分の身を守るためとはいえ、いじめを受けている友達を守れない・救えないことに苦しんでいます。苦しむ友達を見ながら、同じようにつらい気持ちで過ごしています。「傍観者は加害者と同じ」という言葉は、二重の苦しみを生み出すことになってしまいます。

子どもたちは「圧倒的な恐怖を前にしたら動けない」と言います。大人も動けなくなってしまうのですから当たり前です。正義感は皆持っています。多くの子どもは、いじめを認識した時に「何とかしたい」と思っているのです。友達を守ろうと「やめなよ」と言った帰り道にわいせつな行為をされるかもしれない、その様子を写真に撮られ、写真をばらまくと脅されるかもしれないと想像してみてください。本当に小さなきっかけで、ある日から突然自分がいじめの被害者になることもあるのです。それまで見てきたようないじめの被害に遭うかもしれない、不特定多数の人たちから仲間はずれにされるかもしれない、いつどこでそういう被害に遭うか分からない――その恐怖は計り知れません。子どもたちが思う圧倒的な恐怖とは何でしょうか。他にもあるはずです。

大人が「傍観者は加害者と同じ」と言うのであれば、いじめの解決を他の人に押しつけて無視する周りの大人も皆「傍観者であり加害者」と言えるのではないでしょうか。

※性別や年齢、顔写真、出身地などを偽ったプロフィールをネット上に公開する行為が横行しています。他人になりすましたり、相手の好意を逆手に取って高額を支払わせたり、写真を性的な画像に加工して別サイトに流したりといった悪用をされることもあります。

第二章　スクール虐待と当事者の背景

1　いじめは虐待行為である

いじめの本質を捉えず「単なる子ども同士のふざけ合いで、大したことはない。そのぐらい我慢できる」などと認識するのは、あまりに無責任です。いじめ防止法が施行され、学校や保護者の責任が明らかになったとはいっても、まだまだ認識が甘いのではないかという懸念があります。いじめを軽視しないために、子どもたちがどのような被害を受けているのか考えていきます。

学校で目にする子どもたちの行為の中に、児童虐待防止法に掲げる虐待行為と類似する行為はないでしょうか。

①身体的虐待：児童の身体に外傷が生じ、または生じるおそれのある暴行を加えること。
【いじめの一例】殴る、蹴る、叩《たた》くなどの暴行
②性的虐待：児童にわいせつな行為をすることまたは児童にわいせつな行為をさせること。
【いじめの一例】友達の前で服を脱がす、わいせつな行為をする・させる、裸の写真を撮る
③ネグレクト（保護の怠慢）：児童の心身の正常な発達を妨げるような著しい減食または長時間

の放置、保護者以外の同居人による①（身体的虐待）・②（性的虐待）・④（心理的虐待）に掲げる行為と同様の行為の放置その他の保護者としての監護を著しく怠ること。

【いじめの一例】存在を否定する、助けを必要としていたり困りごとがあったりしても放置する

④心理的虐待：児童に対する著しい暴言または著しく拒絶的な対応、児童が同居する家庭における配偶者に対する暴力※その他の児童に著しい心理的外傷を与える言動を行うこと。

【いじめの一例】言葉による脅迫、無視、発生しているいじめを見続ける、揶揄《やゆ》や嘲笑

※配偶者（婚姻の届出をしていないが、事実上婚姻関係と同様の事情にある者を含む）の身体に対する不法な攻撃であって生命または身体に危害を及ぼすものおよびこれに準ずる心身に有害な影響を及ぼす言動。

（児童虐待の防止等に関する法律を参考に作成）

このように、学校で行われているいじめと児童虐待防止法に掲げる虐待の定義はほとんど同じであることが分かります。子どもたちと一緒に取り組んだワークショップでは、おおよそこのような行為内容が「見たり聞いたりしたことのあるいじめ」として挙げられます。肩パンチや無視などの行為は、ワークショップでほぼ確実に出てくるいじめの態様ですので、加害者や被害者はたいへん多いはずです。特に無視については、ネグレクト、心理的虐待、両方の意味を持つと思いますし、友達

やクラスメイトに誘われたら断りづらい行為でもあります。まさかそれが虐待と同じ行為であると気付くはずもありません。

児童虐待防止法では、第三条で「何人も、児童に対し、虐待をしてはならない」とし、保護者だけでなくいかなる人でも児童に対して虐待することを禁止しています。ただ、この法律をこのまま学校内で起きているいじめに適用できるかというと、そうではありません。この法律は大人から子ども（「保護者」から「その監護する児童」）へというういわゆる縦の関係で適用されており、友達同士という横の関係には適用されていないのです。ですから、いじめ行為については、上下関係という法律上の視点とは合致しませんが、私たち大人は重大事態発生という意識を持つ必要があります。

そもそも私は、「いじめ」という言葉で表現することがその行為を軽んじることに繋《つな》がっているのではないかと思います。「いじめぐらいで……」となってしまうのです。そうならないために、児童虐待防止法で虐待と定義されているのと合致している行為が学校で行われている、という認識で現実に目を向けたいと思います。繰り返しになりますが、いかなる人も児童に対して虐待をしてはならないのです。法律が指し示す関係性により「いじめは虐待行為ではない」と認識することはたいへん危険です。

いじめが発生した時には、「スクール虐待の発生」と認識することが必要なのではないでしょうか。大人も子どもも、重大事態の発生を意識して対処しなければならないと思います。日々溢《あふ》れるいじめのニュースを一つ手に取り、「いじめ」の文字を「虐待」に置き換えて読み直してみてください。深刻な実態がはっきりと見えてくるはずです。

2　不登校の子どもたち

ここから、いじめの問題と根深く関係していると思われる不登校について見ていきます。

私は講演先で教員と不登校について話すこともたいへん多いのですが、不登校の背景にいじめが存在している、という認識をほとんどの教員が持っていることを実感しています。「学校に行けていない、不登校の子どもたちは不幸であり、学校に戻すべきだ」という考えはありません。ただ、「学校には行きたいと思っている。会いたい友達もいるしやりたい部活もある。でもいじめなどの原因があって行くことができない」という子どもたちも多いのです。特に、専門的な知識を学ぶ学校で不登校になれば、将来の夢への道のりが非常に険しいものになってしまいます。専門性がある学びは、卒業後の進路や就職にも大きな影響を与えます。夢として持ち続けていた職業である場合、いじめによってそれらすべてが奪われてしまうことにもなり得るのです。平静を装いながら登校し続けることにより、心の傷をさらに深めている子どももいます。子どもたちの不登校について、大人がもっと真剣に考えなければならないと思うのです。

いじめが原因で不登校となっている場合、加害者への怒りの感情や恐怖はたいへん大きいはずです。不登校となった自分を自分で責めたり否定したりしているのではありません。そのため、「不登校でもいい」「無理して行かなくても、逃げてもいい」「他にも居場所はある」と不登校を肯定されて安心できる子どもばかりではないのです。このように言われた子どもは、学校に行きたい気持ちをどこへぶつければよいのでしょう。「いじめが解消され、安心して通える学校に戻してほしい」と思っている子どももたくさんいるのです。

一方、親の立場に目を向けると、親は毎日元気で学校に行く我が子の姿に幸せを感じ、日々成長する姿を見守っています。しかし不登校の子どもは増えており、どの家庭にも起こり得ることとなっています。その情報は耳にしていても、その現実を目の当たりにした時は「まさか我が子が」と大きなショックと不安が襲ったはずです。親や家族が不登校の直接的な原因ではないと分かったとしても、自分に責任を感じてしまう方もいるかもしれませんが、自分を必要以上に責めないようにしてください。あなたが全部背負い込むことではないのです。

経験をしていない方でも、我が子が不登校になったら……と考えるだけで胸が苦しくなるのではないでしょうか。一番苦しいのは学校へ行けない本人だと十分分かっているにもかかわらず、そばにいる家族は解決の糸口が見つからず、ストレスを抱え日々過ごします。家族のストレスはそのまま本人へと伝わり、悪循環になってしまうのです。そうならないためには、家族を支えるためのアプローチもたいへん重要です。保護者が専門の窓口に相談に行くこともあると思いますが、まずは友人や学校の先生との情報共有をして、当事者の家族を孤立させないような関係を築いてほしいと思います。

子どもは大きなストレスを抱えており、長期化すればその後の人生を狂わせてしまうかもしれず、重大事態なのです。今現在不登校の子がいらっしゃるご家庭は、ぜひ友人や学校現場と情報共有をしてほしいです。子どもの将来をあなたと同じように真剣に考え、手立てを考えてくれる人はきっとどこかにいます。あなたがストレスや不安や悩みを抱え込んでしまわないよう、孤立しないよう、民間をはじめさまざまな窓口がありますので、探してみるのもいいと思います。同じ経験をした人との出逢《であ》いが、心の余裕を生むかもしれません。

不登校を減らすためには、今までのいじめ対応の間違いを受け止めなければならないのですが、残念ながら今の学校現場では不登校に慣れてしまっている傾向があります。ある校長先生が、不登校の生徒が「各クラスに一人ぐらいいるのは当たり前」「学年に2～3人いるのは普通」と言ったのです。その他にも、「昔と違って簡単に休めるから」と言った教員もいました。ちょっと疲れて1日休息を取る、という話をしているのではありません。「不登校に至るまでに何があったのか」を探る必要があります。不登校になる前にすでに問題が起きている可能性は十分にあるのです。「たった数日来ないだけ」と感じている先生もいますが、その背景がいじめだとしたら重大なサインを見逃していることになります。今まで何とか頑張って学校に行っていたが、ついにつらくて学校に行くことができなくなったということなのかもしれません。いじめられているのかもしれない。

いじめを見てショックを受け、怯《おび》えているのかもしれない。言葉で訴えることができなくても、それは「言葉」に現れていないだけで、何かしら学校に行けない、行きたくないと思う理由がある、そのサインなのです。そこを探らず、「不登校は数名いても当たり前」とやり過ごすのは、あまりに危険なことです。学校に来られない理由が肝心です。

文部科学省が「不登校児童生徒」としているのは「何らかの心理的、情緒的、身体的あるいは社会的要因・背景により、登校しないあるいはしたくともできない状況にあるために年間30日以上欠席した者のうち、病気や経済的な理由による者を除いたもの」ですが、この日数にこだわる理由はなく、数日休んだだけであっても子どもから発せられたサインなのです。休んだ原因の背景として重大事態が潜んでいるかもしれません。不登校やいじめ問題に対して無関心な大人にこの現実を訴え、ともに学び向き合わなければなりません。そのような変化を生み出さなければ、不登校の人数は今後も増え続けるでしょう。いじめによる不登校はその先の引きこもりの問題と無関係ではない、大きな社会問題であるという現実を共有したいと思います。

文部科学省の調査では、不登校の理由を問う設問があり、23年10月に発表されたものまでは「無気力・不安」という項目になっていました。約半数の子どもたちは「無気力・不安」が主な原因で不登校になったとされていたのです。なぜ「無気力・不安」となったのかが最大の問題ですが、ここは解明されていません。そもそも「無気力」と「不安」を一つの項目に入れてしまうこと自体に違和感があります。「無気力」と言われると、まるで本人に責任があるように捉えられる可能性がありますし（調査では「無気力・不安」は「本人に係るもの」という分類で示されていました）、「不安」というのも漠然としすぎています。24年発表の調査では、不登校の理由を問う設問が複数回答可になり、選択肢も細分化されました。これは、教員が事実をより客観的に把握するためと考えられます。この調査でも、結果に大きな差異は見られません。23年度の「不登校児童生徒について把握した事実」（小中学生）のうち、「不安・抑うつの相談があった」のは23・1パーセント（高校生では16・7パーセント）、「やる気が出ない等の相談があった」のは32・2パーセント（高校生では32・8パーセント）でした。

本人にやる気が起きない理由を聞いても「（原因が）分からない」と答えることも多くあるようですが、私はこの答えにも少々疑問を感じています。もちろん、純粋に理由が分からず行きたくないという子どももいますが、実は分かっているが言いづらい、ということもあるのではないでしょうか。そう感じた理由は、「家族には言えない、言いたくない」という言葉とともに、子どものころのいじめ経験を成人してから「あの時私がいじめられていたの、知っていた？」と保護者に告白したという話を何度か聞いたからです。この話は主に、保護者対象の講演終了後に立ち話の中で教えてくれます。過去のいじめ被害経験を涙ながらに語る方もいます。「親が心配する」「期待を裏切りたくない」「問題を大きくしたくない」など悶々《もんもん》とした気持ちを抱えて自分の心のうちを伝えられなかったという人がいたのです。象徴的だったのは、「真実を心の中に閉じ込めることが、あの時にできた精一杯の親孝行のつもりだった」という新聞の投稿欄の言葉です。

また、家族の期待を一身に受け自分も努力をして受験し入学した学校で、その後不登校になったという場合は、自分をより強く責めてしまうことが想像できます。単に我が子の幸せを願っているだけで過度なものではないとしても、子どもにとっては時に圧と感じてしまうこともあるようです。学校で友達と楽しく過ごしてほしい、夢や希望も何かあったらいいのに、と家族は望むものですが、それがかえってプレッシャーとなり、「友達とうまくいっていない、夢も希望もない、こんな自分を家族に見せられない」と感じてしまうこともあるのではないでしょうか。友達がたくさんいなくても、夢や希望が今はなくても、明日安全で安心できる場所が保障されていればそれでいいはずなのです。

不登校は数字の上で増加しています。命に関わる問題が激増しているという認識が必要ではないでしょうか。

3　いじめ被害は生きる気力や考える力を奪う

私たち大人は、なぜ今も子どもの心と命を救いきれていないのでしょうか。一人の子どもが目の前で苦しんでいるのに、子どもが望んでいることがあるはずなのに、それを見つけられない、明確にそこにあるにもかかわらず手をこまねいて動けない。大袈裟《おおげさ》に聞こえるかもしれませんが、いじめは結果として子どもの心に深い傷を残し、その後の人生を一変させてしまうことがあります。そして、肉体の死をも意味しています。

自殺した子どもに対して、「自分が死んだら家族や友達がどんなに悲しむか、想像することはできなかったのか?」という疑問を投げかけられることがあります。亡くなった子どもたちは想像力が欠如していたわけではありません。「いじめのことを言ったら心配するだろうな」と想像することはできているのです。いじめ被害で正しく考える力や生きる気力とともに想像力も奪われ、死という一点に追い詰められてしまう、と理解してほしいと思います。この強大な負のエネルギーは「被害者が心を強く持ち、対抗して解決させていく問題」ではないのです。この認識によって、問題への取り組み方がまったく違ってきます。大人でも、どのような問題が起きようが冷静でいられるという心を持ち合わせているわけではありません。成長途上にある子どもに、大人ができないことを強制しても無理があります。

また、「生きたくても生きられない人もいるのに、自ら命を絶つなんてとんでもないこと」と、自殺した人を責める声もあります。しかし、「そういう人がいるなら私の命をあげる」と言いたいほど、生きることの意味を失い追い詰められてしまう子どもの気持ちを、私たちこそ想像しなければならないと思います。

このまま、多くの大人たちがいじめ問題に真摯に向き合わない状況が続くのであれば、自殺も減ることはないでしょう。文部科学省は、私の娘の香澄が自殺をした1998年の自殺者数を192名と発表しました。約四半世紀が過ぎた2022年度の小中高の自殺人数は、調査開始以来最多の411名です。今日もどこかで、生まれて20年にも満たない子どもたちが自ら命を絶っている――そう考えれば、他人事ではないと実感することができると思います。

私は、いじめ問題が解決したら、子どもたちの自殺は激減すると考えています。

4　いじめは被害の連鎖から生まれる産物

いじめがありそうだと気付いたら、被害者の安全確保はもちろんですが、同時に加害者の抱えている問題に寄り添い理解することが大切です。単純に言葉にしてしまえば、いじめは加害者がいじめ行為をやめれば、被害者は苦しみから解放され、傷が癒えて解決の方向に向かう可能性もあるのですが、そこまでのプロセスに時間と労力を要します。なぜなら、いじめ発生の原因として、いじめている子どもの心と環境の問題があると想像できるからです。まずはそこを重視する必要があります。いじめの加害者となっている子どもが何か苦しみを抱えている確率も高いため、被害加害双方への対応という意味で両輪を整えたいと思います。

加害者となってしまった子どもが、実は大きな悲しみや心の痛み、不安というものを抱えている可能性を考えながら対応したいと思います。大人はつい、目に見えたいじめ行為のみ注意をしがちですが、一方的に叱責し謝罪を求めても、心に届かないだけでなく、大人への反発を生むことになるのではないでしょうか。

もしかしたら、愛されているという実感すら持ったことがないということもあるかもしれません。周囲の大人との結びつきが著しく弱かったり、ネグレクトや心身への暴力を受けていたり、学校以外の塾や地域、きょうだいなどの関係で何らかのいじめを受けているなど、被害者としての側面を抱えている加害者も多くいます。そういう前提に立つ必要があると思います。自分のことを心配してもらっている、愛されているという実感を誰よりも欲しているのが、いじめている側なのかもしれません。言い換えれば、両者ともに被害者であり、被害の連鎖から生まれる産物がいじめということにもなるのではないでしょうか。

大人が「元気？　何かあったらいつでも話しに来てね。待っているよ」と優しく声をかけ、しばし加害者からの「実は……」を待ち、その間被害者へのフォローをしっかり続けることが大事ではないでしょうか。加害者は優しくされても、それを愛情としてすぐに感じるわけではありません。違和感から喜びや安心へと移行するには、かなり時間がかかると思います。「何か話したい、聞いてほしい」と思えるまで、学校内の連携と支え合い、情報の共有が大切になると思います。加害者へこそ優しいまなざしが必要であると思います。

加害者本人が何か話してくれたら、または背景に抱えている問題を大人が察知したり想像ができたりしたら、一切の否定をせず、その苦しみをすべて受け止め寄り添うことが大切です。「あなたもつらかったんだね」とその子どもの目を見ながらしっかり伝えましょう。それができた時、いじめていた子どもの心にどのような変化が生まれるか想像してみてください。大人に今の想《おも》いや実情を伝えることができた、そして自分の苦しみを受け止めてもらえた、その瞬間の想いです。「どうせ自分なんか」と縮こまっていた心に、開放感が生まれると思います。否定的で真っ暗だと感じていた自分の心に、一筋の光が差し込むのです。その光の存在に気付かないはずはありません。繋がった心の先に、解決の糸口を見いだすことができるかもしれません。自分の苦しみを理解してもらえた安心感から、自己肯定感が生まれる可能性もあると思います。

　自分の苦しみにはっきり気付いた時、初めて自分が友達に与えていた苦しみが客観的に見えるようになると感じます。大人の理解という大きな安心感に包まれ、友達を傷付けている自らの行為に気付き、反省ができるのではないでしょうか。その結果、自身の意思によって、いじめ行為を徐々にやめることもできるかもしれません。「幸せに生きたい」という気持ちが自分の中にもあることにきっと気付くことができる、そう信じたいと思います。「幸せ」というものをおぼろげながら感じ、自分に関わる人の幸せをも望む気持ちが生まれるかもしれません。その子どもの今後の人生が大きく好転すると思います。加害者の反省を促し、人間的に立ち直るサポートをすることはたいへん時間がかかり困難な作業ですが、これがいじめ解決にとって重要な柱になると思います。

繰り返しになりますが、聞く時は疑うことなくすべてを受け止めることが何より重要で、ここでも被害者責任論を持ち出すことは絶対にあってはならないことです。勇気を出しやっと自分に相談してくれたことを絶対に忘れないでください。

また、一見加害者であっても、誰かに命令されて渋々いじめ行為をしている子どももいます。その判断を即座にすることはなかなか難しいでしょう。しかし、声のかけ方によっては本心を引き出すこともできるかもしれません。その子の行為だけを見ていきなり叱るのではなく、「どうしたの？　何かあった？」「つらいことはない？」「よかったら何でも話してみて」「いつでも待っているから」と、まずはその子の状況を心配する声かけをしてほしいと思います。「実は、○○さんにやれって言われた」という事実にたどり着くかもしれません。

しかし、これらすべてを一人の教職員（や保護者）に任せるのは大きな負担です。経緯の記録、報告、対策の構築、学年を越えての情報共有が必要になる場合もあるはずです。精神的にも肉体的にも、チームでの対応が重要です（第三章で詳述）。いじめは1回でも1日でも深い傷を負いますので、即対応・即解決が理想です。被害者の安全確保と加害者対応を同時に開始できる態勢を事前に準備することが必要です。いじめている子どももすぐにいじめをやめることはできませんし、これから自分の心とたたかいます。加害者にはチームで思い切り優しく関わってください。

本来その子は優しさを持っている。それを前提として信じたいと思います。その優しさを引き出す術《すべ》を、私たち大人は持っているはずです。

5　加害者はいじめることで心のバランスを保っている

大人は一般的に、加害者に反省を促すことを目的として「そんなことをされたら、自分だっていやでしょう。自分がされていやなことはしちゃいけない」などと言います。そう言われたことのない加害者の子どもはほとんどいないような気さえします。「自分がされていやなことは他者にしちゃいけない」ということ自体は間違っておらず、誰も否定できない言葉です。しかし、いじめた子どもたちはその言葉にうんざりしています。実は加害者とされた子どもは、反省を促された時に「何も考えずにやった」と言う場合が多いそうです。ことを示しているのですが、それが子どもたちの真意かどうかは判断が難しいところです。相手が自分の行為をいやがっていることも、自分のしていることがいじめ行為であることも分かっている場合が少なくない、という側面があるからです。多くの大人から「子どもたちは（自分がしている行為で相手をどれだけ傷付けているか）気付かずにやっている」と耳にしましたが、そうとばかりも言えないのが現実です。

私の講演後の感想文の中にあった、加害者の言葉をいくつか抜粋し紹介します。「いじめることによって、自分が強いことを周囲に示したかった」「いじめている時は遊び感覚でした」「いじめている時は、相手がつらいだろうなと思っていた」「いじめは、いじめから自分を守るためにやる」「いじめた時は楽しかったから」――。このように、自身の行為がいじめだと認識した上でいじめが行われている場合もあるのです。自分が加害者として存在し続けることにより、被害者になる不安を払拭し、さらに「自分はいじめをする側で、いじめられるような弱い子じゃない」と「強さ」を示し、立場や心の安定を図っているのです。加害行為の背景には、身の安全を確保したいという気持ちがあります。加害者は常に自分が優位な立場でいることが必要なのです。いわゆる「スクールカースト」（学校内外において生徒の小集団が階層化・序列化されている様子や、その小集団そのものを表す言葉）も存在しており、自分がいじめを受ける側にならないように考えた結果として他の子をいじめたり、逆らえない子と一緒になっていじめをしていたりもするのです。「そんなことをされたら自分だっていやだろ」という指導が加害者の心に届いていないという実態を、加害者自らが教えてくれました。

私たち法人の取り組みの一つとして、ワークショップで子どもたちに「見たり、聞いたりしたことのあるいじめ」を付箋に書き出してもらい、模造紙に貼るという作業（第四章で詳述）をすることがあるのですが、とても多くのいじめが出てきます。多くの子どもたちが、自分が何をされるといやで、何がいじめであるのかについて認識しており、その行為で相手が傷付くことを十分に理解しているのです。また、「大人の知らない」「大人が気付くはずがない」といういじめも出てきます。

大人が気付きにくいSNSのいじめについても子どもたちに率直に質問することで、大人が最近のいじめを学ぶ場にもなります。子どもたちの声から、やり返さずにただ深く傷付いている子をターゲットにしている実態も分かりますし、いじりと称しおもしろがって数名で一人をターゲットにすることもありました。

いじりは、いじめと同様、いやがっている本人の気持ちを無視して行われます。ある教員は「本人が笑っていれば分からない」と言いました。また、別の教員は「いつも一緒にいるから仲よしグループに見える。判断が難しい」と言うのです。一見楽しそうなゲームをしているようでも、その場で勝手にルールをつくり、一人のターゲットを常に「負け」にすることでいじることがあります。例えば鬼ごっこを始める時、一般的にはジャンケンで負けた子が最初の鬼になりますが、ジャンケンで勝ったターゲットに対し「勝ったから鬼ね」などと押しつけることもできてしまいます。その子がジャンケンに勝っても負けても、その時々で「負け」の立場に追い込む形で、いじることができるのです。

「いじられているんだから喜べ、この場を楽しくしろ」と強要されているにもかかわらず、被害者はそれを受け入れなければならない空気が生まれます。仮に「いやだよ、無理だよ」と笑いながら抵抗しても継続されます。その意味でいじりは被害者にとっては、誰もがやってはいけないことと認識しているいじめとは違い、なかば受け入れることを強要されているのですから、見方によってはいじめよりたちが悪いやっかいなやり口と言えるでしょう。さらに周りの大人も「笑っていて楽しそうだった」「仲がよさそうに見えた」と見間違えてしまうのですから、判断しづらい側面を有しています。

いじめている（あるいは、いじっておもしろがっている）のに相手が大した反応をしなければ、満足感を得ることができませんので、さらにいじめを継続・深刻化させる可能性があります。ある加害者は、「最初はいじめることに抵抗があった」と教えてくれました。最初は群れに引きずり込まれるような形で仕方なくやっていたのですが、繰り返されていくうちに慣れていき、最後には友達が傷付くことに対して快感すら覚え始めたそうです。これは命に関わるような重大事態へ悪化したということであり、加害者にとっても慣れやその後の心の変化は、今後の人生にとって重大なリスクとなります。

私の講演は心と命のことを考えるという内容なのですが、講演中寝た振りをしたり、しゃべったりして講演を妨害しようとする子どもが時折います。講演後に先生方に伺うと、そのほとんどがいじめの加害者側にいる子どもとのことでした。私は講演の中で加害者を責める話を一切していません。「何がいじめなのか」についての説明もしません。「相手の立場になって考えましょう」というメッセージもありません。しかし、いじめ加害者は自分の行為がどういうものかをはっきり分かっているので、その場にいることがつらいのだと想像しています。きっと、針のむしろ状態の講演会場から出ていきたい気持ちもあるはずです。それでも最後までそこに居続けてくれる理由は、「自分の問題だから話の先が気になる」ということではないかと推測しています。

そういうこともあるため、私は講演の冒頭で「眠かったら寝てもいいですよ。体調悪くなったら絶対に無理しないで、外へ行ってもいいですよ」と伝えています。心と命を考えると言ってもやはりいじめがテーマとなる講演ですので、いたたまれなくなってしまうこともあるのでしょう。責められるわけではなくても、加害者にとっては聞きたくない講演だと思いますので、逃げ場を用意してから講演に入ります。講演先の学校の先生方には事前に「話をしている子や寝ている子は、声かけせずそのまま見守っておいてください」とお願いをしています。

被害者にとっても、同じ講演会場には加害者がいますので、緊張感があります。会場に入れず躊躇《ちゅうちょ》する子どももいます。それでもやはり気になる、聞きたいという場合は、加害者や他の子どもから離れた場所（体育館の舞台袖や最後部、2階、放送室などの別室）で講演が聞けるように対応していただいています。そもそもいじめに関する講演を聞くことに拒否反応を示すこともありますので、無理強いはしないようにしています。

私の講演は、被害者の子どもが「自分は悪くない。自分の責任ではなかった」と気付くきっかけとなり、失いかけた自己肯定感が再度蘇《よみがえ》り、今の自分をありのまま受け入れてもらうためのきっかけとなればと思っています。と同時に、当然加害者にとっても何か感じるきっかけになればと思っています。

6　孤独が人の心を崩壊させるきっかけに

いじめ加害者だった子どもが反省せずに大人になったとしたら、その後どのような人生を生きるでしょうか。きっと大人になっても、会社や地域で自己中心的な振る舞いをして、時に人を傷付け、そのままいじめ加害者として生きていくことは少なくないでしょう。その一方、過去にいじめを受けていた人が加害者となって犯罪を起こしてしまう事件は、日本でも海外でも確認されています。犯罪者の生い立ちを探る中、孤独が大きな影響を及ぼしていると想像できます。

誤解しないでほしいのですが、「いじめ被害者・加害者が将来犯罪者になる可能性が高い」などと言っているわけではありません。もし、この犯罪者となってしまった人々のそばに、苦しみや悲しみや怒りに心を寄せてくれる人がいて、犯罪者がその孤独から解放されていたなら、犯罪行為や自傷行為へと発展する可能性はかなり低くなったのではないか、と思うのです。心の崩壊を生み出してしまう「孤独」という要因を取り除くため、支え合いの社会へと向かうことを切に願っています。言うまでもなく、いじめ加害者に反省を促すことが基本です。虐待、いじめをはじめ、さまざまな被害経験から心に深い傷を負い、孤独にさいなまれ、その先に理解してくれる人を求めて行き着いた先がネットの世界であったなら、どのようなことが起こるかは想像できます。ネット社会がすべて自分の理解者ばかりではないことは周知の通りです。自分の悲しみや怒りを理解してもらえないことでさらに心の傷が深まり、孤独感へとさいなまれるでしょう。このような、蓄積した社会への憎悪をどこかで解消できる人間関係が必要なのは言うまでもありません。

２００８年の秋葉原通り魔事件では、犯人が加害に至った経緯として親の教育虐待があったとされていますが、それ以外にも職場でのいじめがあったと本人は感じていました。そんな彼はインターネットに居場所を求めましたが、見知らぬ人は寄り添ってくれることはなく、そこで心をさらに傷付けられてしまったのでした。いっそう孤独な世界へと追い込まれた先に、自暴自棄になってしまったようです。もちろん経緯を単純化することはできませんので、さまざまな背景は計り知れません。しかし私は、人が絶望から自暴自棄になる、というのは分かる気がします。

虐待やいじめという背景を抱え、そこから孤独感が生まれ、自暴自棄になる状況へと追い詰められ、犯罪行為に及んでしまった例があるのは事実です。日本では、前記した事件以外にも、１９９９年の池袋通り魔殺人事件（背景：両親のギャンブル依存と借金を残しての失踪など）、２０００年の西鉄バスジャック事件（背景：いじめ被害）、19年の京都アニメーション放火殺人事件（背景：父親からの虐待、不登校）があります。アメリカでも１９９９年のコロンバイン高校銃乱射事件、２００７年のバージニア工科大学銃乱射事件、22年のテキサス州の小学校で起きた銃乱射事件（いずれも背景にいじめ被害）があります。銃規制に関する法律が日本とまったく違いますので、海外とは犯罪の形態も違いますが、やはりそこに共通した背景があると感じます。

　攻撃や裏切りを繰り返され続ければ、人間そのものを信じることができないほどに追い詰められるのではないでしょうか。将来きっとあるはずの幸せを信じることができず、もちろん夢を探すこともできないまま、自分が人間であることにすら嫌悪感を持つのだと思います。生きている意味がまったく見いだせず、自ら命を奪う衝動にかられてしまうこともあるのです。時にそれは、周囲への暴力や犯罪行為にも変貌します。自暴自棄がなぜ他殺や他害に入れ替わるのか。心に受けた傷の延長線上に尋常ではない感情があるということなのかもしれませんが、他者の命までも軽んじてしまうという心理がどうして生まれてしまうのかについては、私の理解の範囲を超えています。しかし、多くの犯罪者が犯行後に「誰でもよかった、人を殺したかった」と異口同音に発していることをただ「異常」と片付けてはいけないと思います。自分を殺すか、他者を殺すか。他者を殺しながら、死刑も念頭に置いて自分をも殺す。犯罪者本人の中に、何かをリセットする方法として理屈が存在したのでしょうか。追い詰められた先に、人はこのように暴発してしまうことがあるのです。

　本書はいじめに関する本であるのに、話が無差別殺人事件へと飛躍しすぎていると感じる方もいるかもしれませんが、いじめが重大犯罪にまでエスカレートする可能性を考えれば、これらは線で繋がっている無視できない問題なのです。もし予防や寄り添いが実現していたなら、何人の命が救われたでしょう。被害当事者だけでなく、事件に関わった多くの人が深い傷を負って生きていることを考えれば、まったく別の問題とは言えないと思います。犯罪防止の観点から、いじめ問題解決がその基本的なところに位置していると感じるのです。

2024年4月、男性3名からおよそ1億5000万円をだまし取り、そのやり方をマニュアルとして販売してホストクラブへ貢ぎ続けていた〝頂き女子りりちゃん〟は、懲役9年・罰金800万円の実刑判決（同年9月、控訴審で懲役8年6か月・罰金800万円の判決）を受け、その後手記を発表しました。手記では、家族仲が悪かったこと、同級生からいじめられ信頼していた母親に「気のせいでしょ」とあしらわれたこと、父親からのDVを受け通報したがまともに取り合ってもらえず絶望したことなどを記しています。幼いころからずっと孤独を感じ、ようやく見つけた居場所が売春行為とホストクラブ。本人への取材では「もしちゃんと向き合ってくれる人が一人でもいたら、私は変わっていたかもしれない」と語っています。

予防策として、加害者をこれ以上生み出さない仕組みをつくることに尽きます。加害者が生まれなければ被害者は生まれないのですから。被害者を生まないために、加害者への懲罰ではなく、その背景に着目をしなければならないと強く感じます。いじめ加害者となってしまった子どもの背景に徹底的に寄り添い、そこにある感情に寄り添うことが必要です。正しいいじめ対応の共通認識があれば、将来の犯罪を減らすことも可能であると信じています。加害行為を振り返ることのないまま、次の時代を引き渡してしまうことが大きな問題なのです。加害、被害問わず、孤独な世界に追い詰めないことの重要さを確認したいと思っています。

子どもたちを将来犯罪者にしてはなりませんし、社会の安全やその先の安心を確保する責任が私たち大人一人一人にあります。理不尽に奪われる命をこれ以上生み出したくありません。

「人は、心と体の二つが揃《そろ》って一つの命である」ということを、子どもたちとともにあらためて認識したいと思います。「命は大切なんだよ」と大人が一方的に言う前に、「心とは何なのか？　心の痛みとは何なのか？」を子どもたちと一緒に考え、その答えをともに探すことが大切です。理屈は別として、子どもたちはすでに、命は大切であることも、いじめはいけないということも感じています。

子どもたちとの対話は、大人が忘れてしまった大切なことを教えてくれる貴重な機会ともなりますので、ぜひ語り合う場をつくっていただきたいと思います。たとえ答えが出なくとも、その共同作業の先に、命の重み、自分一人だけで生きている命ではないことを、子どもたちも実感してくれるはずです。

ある中学生は、「一人でいるより、いじめられていても一緒にいる方がまだまし」と言いました。人は皆、孤独はつらいのです。孤独である自分を誰かに見られたくないのです。人は群れて生きる習性があるようです。孤独は時として生きる意味を失い、人格崩壊へと導かれ、人を加害者へと変貌させてしまう危険性をはらんでいるのではないでしょうか。不本意な人間関係の中で犯罪が起きているのかもしれません。いじめと将来起きるかもしれない犯罪、これは切り離しては考えられないのです。

7　お互いに「傷」は残る

いじめに苦しんだ人は、たとえ自殺や他害に及ばなくても、心に傷を抱えたまま人生を歩むことになります。同時に、いじめをしてしまった人も、自分のしたことを悔やみ、「被害者となった人に謝りたい」という気持ちで過ごすこともあります。

とある50代の女性は、中学1年生の時に転校生がクラスの数人から（方言を理由に）からかわれ、それをかばったことから自身がいじめを受けたそうです。いじめの主犯格は3人の男子生徒。そして最終的にはクラスの全員から仲間はずれにされ、靴を隠される、無視をされるなどのいじめを受けました。肉体への直接的な暴力はなかったそうですが、たいへんつらかったそうです。通っていた中学校はいわゆるマンモス校（児童生徒の収容人数が多く、規模が大きい学校）で、中学2年生からは学区割りが変わって新しい中学校に移ることになり、ようやくいじめから解放されました。

そんな彼女に47歳の時クラス会の招待状が届きました。小学校6年生のクラス会で、久しぶりに会ったそのメンバーの中に、いじめの主犯格3人のうちの一人を見つけました。ただ、クラス会そのものは楽しく進行したそうです。会の終わり近くになった時、その彼がそばにやってきて「中学

1年の時のことを謝りたい」と言いました。彼はずっと自分がしたことを責め、「いつか謝りたいと思いながら過ごしていた」と話してくれたのだそうです。被害から35年経《た》っての謝罪でした。彼女はその謝罪で、つらく苦しく悲しかった日々から解放され、ようやく過去のことにできたそうです。結果的に彼女は、謝罪の言葉を受け入れることができました。もちろん逆に「こんな言葉ですべてが許されると思わないでほしい」と許せない気持ちになる人もいると思います。しかし、被害者にとっての謝罪の必要性を実感した話でした。もちろん解決は一時でも早いほうがいいのは言うまでもありませんが、時間が経ってからでも謝罪が人を苦しみから解放することがあるという事実を証明してくれたように思います。いじめの主犯格だった彼も、どこかのタイミングで自分のしたことの卑劣さに気付き、ずっとそのことを悔いて自分を責めていたのでしょう。彼から直接話を聞いたわけではありませんが、彼は彼なりに苦しみを抱えていたのではないかと思います。

また、とある40代男性も中学の時にいじめを受け、先ほどの女性と同様クラス会の招待状が届きました。「行けばあの子たちがいるかもしれない。会いたくない」と思い、参加をたいへん躊躇したそうです。考え、悩み続け、さまざまなことを想像したそうです。最終的にやっと覚悟をして、行く決断をしたのでした。

会場に着くとやはり、いじめの加害者の一人がいました。こちらからは声かけしていないのに、彼に近寄ってきて「あの時のこと憶《おぼ》えている？」と問いかけてきました。何を問われているかはっきり理解しましたが、とっさに「何のこと？　憶えていない」と答えたそうです。そして、その彼は自分から離れていきました。そのまま何もなくクラス会が終了するかと思っていたら、帰り際、再びその彼が近寄ってきて、耳元で一言「ありがとう」と言いました。

私はこの話を聞いた後「ありがとう」の意味を探りました。「憶えていない」と言ってくれた言葉を自分への気遣いと感じ、そのことへの感謝の気持ちなのではないかと想像しました。ただ、ある友人にこのことを話しましたら「『生きていてくれてありがとう』という意味かもしれない。自分がやっていたいじめ行為の卑劣さを、自分で気付いていたのではないか。『あんなにひどいことをしたのに、死なずに生き続けていてくれてありがとう』と伝えたかったのではないか」と言ったのです。言った本人でなければこの「ありがとう」の意味は分かりません。しかし、およそ30年以上もの間、自分のいじめ行為を記憶に留めていたのは事実です。早い段階で謝罪していたなら、お互いにもう少し晴れやかな気持ちで人生を歩むことができていたであろうと推測します。

次に紹介したい事例は、95歳で亡くなった方のいじめ後遺症体験についてです。これはツイッター（現X）で投稿されたもので、亡くなった方のご家族が投稿したようでした。投稿者の祖母は80代で認知症を発症し、小学校でのいじめ被害により晩年まで苦しみ続け、自殺未遂を繰り返していたそうです。「小学校のいじめっ子がまたいじめに来るかもしれないから死にたい」と口にしていたそうです。投稿者は認知症発症前からいじめの話を何度も聞いており、いじめは被害者に一生消えない傷を心に負わせると知ったそうです。「いじめの事実に蓋をすることはできても、完全に忘れ去るということが難しい」とつづられていました。いじめという問題に関わる人の中に幸せな人はいない、そしていじめは経験してはならない人権侵害であるということを、この投稿からあらためて実感しました。

最後にもう一人、40代男性の経験をご自身の言葉通り紹介します。

小学6年生の時、同学年に複数の子からいじめられている女の子がいました。ひどいあだ名を付けられていました。いつも悪口を言われたり、理由なく避けられたり……。私は問題を認識していましたが深く関わりたくなく、何もせずに普通に接するだけでした。

しかしある時、その子と私を含む数人で話していた時、また暴言の集中砲火が始まりました。加害者グループは私に「なぜ言わない？　よい子ぶっているのか」と迫りました。あらがいきれず一度だけ汚い言葉を吐きました。すると、普段はいじめられても冷静を装っていたその子が大泣きしたのです。駆けつけた先生が泣く理由を聞くと、その子は「いつも仲良くしてくれる○○君に悪口言われた」と打ち明けました。私自身は雰囲気に流されてとんでもないことをした、いじめと距離をおこうとしていたのに最もひどいことをしたと思い、立ち尽くしました。今もその時のことを鮮明に記憶しています。

ぽっちゃりとしていたその子は多分容姿を理由にいじめられていたのだと思います。

——この話からも、被害者責任論が昔から蔓延《まんえん》していたことが分かります。身体的特徴を理由にいじめられた場合、そこを自ら矯正しなければいじめから解放されないことになってしまいます。この例ですと、仮に被害者が痩せても、いじめる理由を新たに見つける可能性は十分あります。いじめる側は、理由など何でもいいのです。

8　クラスの雰囲気は子どもたちの成績にも影響する

いじめのあるクラスは、子どもたちにとっても教員たちにとっても、居心地の悪いクラスです。その居心地の悪さは、子どもたちの成績にもいい影響を与えません。

もちろん、成績がよければ「いいクラス」だとか、「成績がすべて」だとか、そういったことを言いたいわけではありません。それぞれの教室に特徴があり、それらを発揮しながら心地よい人間関係を育んでいる教室もあるのですから、いじめをなくせば必ず成績が伸びるということを言いたいわけでもありません。いじめは人権侵害の問題だからなくすべきなのであって、成績を伸ばすためになくすというのも間違っています。ただ私は、子どもたちの関係性が成績に少なからず影響するということを、講演先の学校で知りました。そのため、ここではあえて、子どもたちの成績といじめの関係について言及してみます。

「クラス内に、よい形での〝競争〟を生み出すことにより、偏差値を上げることはできる」――これはある中高一貫の私立学校の校長先生が話してくれた言葉です。その具体策とは、「みんなで

〝心〟について考え、いじめのない学校をつくる」というものでした。校長先生の今までの経験から「人間関係がうまくいっていた学年と、そうではなかった学年には、成績にも差が出る傾向がある」と分かったそうです。これは多くの先生方も納得している意見です。人間関係が良好であれば、勉強面においてもクラスの子どもが互いにフォローをし合うそうです。例えば、苦手科目を抱えている子どもに対して、理解をしている子どもがごく自然な形で教えるといった具合です。日常にあるほんの些細《ささい》なことかもしれませんが、子どもたちの間で信頼関係が構築されているからこそできることです。子ども同士の良好な人間関係が土壌にあれば、子どもたちの心は安定し、クラスの成績、ひいては学校全体の偏差値もアップし、あらゆる面によい影響が及ぶ、ということになるのです。

逆に、人間関係に何かしら問題がある場合、当然のことながら雰囲気はよくありません。ギクシャクした空気の中、「あの子には教えてあげない」という妙なライバル意識まで芽生えてしまうのです。

現実に行われているのは成績至上主義による競争であり、テストなどで子どもたちに差をつけています。多くの子どもたちに「できれば成績はいい方がいい」という気持ちがあるにもかかわらず、それを実現させるための環境が整っていないのです。これではお互いが相手を蹴落とすようなライバル関係となってしまいます。「人を蹴落としてでも自分が一番になりたい」という方向性を間違えた過度な競争を強いてはいないでしょうか。成績至上主義はいい結果を生み出さないだけでなく、自己中心的な人間を生み出してしまうきっかけにもなり得ます。自分が一番になるために誰よりも高い点数を取らなければなりません。それを前提としたなら、分からなくて困っている友達に救いの手を差し伸べるでしょうか。教えると、自分が二番になってしまうかもしれないのです。自分が不利になる可能性があるなら、情報を与えるはずがありません。クラスの成績、ひいては学校偏差値アップを望んだ場合、この競争がかえって足かせとなり、成績の低迷を招くのです。特に、点数の低い子どもにとっては成績アップの振り幅が大きいので、ほんの少しのサポートがあればテストの点数にもいい影響が生まれる可能性は高くなります。もし分からない部分が基本的なところであったとすれば、全体を理解することに繋がり、成績の大幅なアップもあるかもしれません。

互いがライバル視していて、あまり関係のよくないクラスを想像してみてください。次の試験でいい成績を取りたいと頑張っている人に「勉強やっている？」と友人が探りを入れたとします。すると「全然やってない」と答える気がするのですがどうでしょう。相手に隙を与えその間に差を縮めたいという心理があるからです。「勉強やっている？」と問われた時に、自然と「やっているんだけど、ここが分からないんだよ、教えて」と言える関係であればいいなと思います。

学校での子どもたちの勉強意欲向上と成績アップを実現するために優先すべきことは、人間関係の充実だと思います。教室の仲間との人間関係を基本とした居心地のいい空間をつくり、いじめのないクラスであってほしいと思います。これを実現させることにより、先生方の授業を子どもたちによりよい形で届けることができて、相乗効果が生まれると思います。子どもの成績を上げるために大人がすべきことは、塾に通わせることや、「頑張れ、もう一息、諦めるな」といった叱咤激励《しったげきれい》をすることだけではないのです。子どもは、大人の期待に応えようとする心理があるようです。大人が期待をいくら隠してもなぜか察知します。大人たちからの想いに応えたいと思っていても、クラスの仲間の支えと環境が整っていなければ、苦しみが生まれてしまうと思います。また、塾に通える子どもたちばかりではありませんので、格差が生まれています。これ以上その格差を広げないためにも、学校の現場では、子どもたちが心穏やかに勉強に取り組める環境を大人が整えることが必要だと思います。校長先生が私に教えてくれた「よい形での〝競争〟」とは、よりよい人間関係から生まれる切磋琢磨《せっさたくま》のことだったように思います。

部活動でも、「1位が取りたい」「よりよい順位がほしい」と目標にする指導者（顧問の先生や監督、コーチなど）もいると思います。成績至上主義はここにもあります。メディアから流れるさまざまな子どもたちの競技に関するニュースに触れるにつけ、心配になることがあります。「連覇がかかった大切な試合」や「伝統を守ることができるか」と、現役の子どもたちに過度なプレッシャーをかける言葉と、それを応援という形で熱狂している大人たちの姿です。自分が今ここでプレイができるのは先輩が大切なことを引き継いでくれたから、という尊敬や感謝とは違う意味合いを感じるのです。全国規模の大会で1位が取れなかった時「よく頑張った、胸を張って帰ろう」と言えばそれでいいのか。多くの人の期待に応えることができなかった場合、心に深い傷を負ってしまうことはないのか？　人によっては自分を責め続けてしまうのではないか？　と心配になります。

学校の部活に関しては、順位という結果ではなく、パフォーマンスが終了した時点で、部活の仲間だけでなくともに競技した他のチームに対しても、互いを尊重し讃《たた》え合うことができているかどうかが何より重要であると思うのです。どのような結果であっても、そこに至るまでのプロセスの重要性を子どもたちとともに共有してほしいと思うのです。

ただこれは、「1位を目指すのはおかしい」と言っているのではありません。1位を目指しながらでも人間関係を含めさまざまな経験をすることができますが、そこに意味を持たせるというのは大人の理屈を子どもに押しつける場面が生まれると感じるのです。1位を目指しても、1位がいかに価値があるものかということを大人が教えるのはよくないと思います。1位を取ることが大人自身の欲望から生まれていたとしたら問題です。その欲望を目標や価値に置き換えて、子どもたちがその道具になってしまう可能性も生じると感じます。大人がつくった1位の価値を子どもたちの鼻先につるして、日々の練習の餌にしてはならないと思います。部活は指導者同士、学校同士、地域同士のたたかいではありません。目的のために無理をすれば、時に怪我《けが》や事故にも繋がります。そこに成長途上にある子どもたちがいることを忘れてはならないのです。

また、地域、学校、保護者からの期待が大きくなり結果にとらわれすぎてしまうと、指導者にとっても非常に大きな心の負担になってしまうのではないでしょうか。その結果指導者から生徒への行きすぎた指導が起きてしまうかもしれません。暴力を伴うパワハラなどが発生するきっかけにもなりかねません。それでも子どもたちは、「優勝するためにはこれぐらいの試練は必要なのではないか」と勘違いし、指導という名のパワハラに従うしかなくなります。当然、子どもたちのストレスも蓄積し、発散せざるを得ない状況に追い込まれれば、問題を起こす可能性もあります。また、指導者のパワハラが表面化したときに、保護者までもが「優勝するために頑張ってくれていた人だから」「あれくらいの指導に耐えられなければ、いい成績は残せない」と指導者をかばい、多少のパワハラはあっても仕方ないと擁護するのです。気付くとプロセスではなく目標を重視することになり、負のループが生まれます。

大人が子どもたちにできることは、成績や順位を上げることだけではありません。よりよい人間関係が生まれた時、その結果として成績や順位が上がることがあるのです。

9　親に話せないこともある

私は、我が子をいじめ自殺で失っているにもかかわらず、大人に相談できない子どもたちの気持ちを理解できないまま、数年間の時を過ごしていました。亡くなるまで結果的にはすべてを語ってはくれなかった娘に対して、「どうして何もかも話してくれなかったの？」「言ってくれれば何かできたはず、救えたはず」と、やるせない気持ちがありました。講演などで子どもたちに話す機会がある度に、「一人で抱え込まないでほしい。誰かに相談すれば、その苦しみを背負っていても生きていける」と語り、事実そう思っていました。たしかに話せば楽になることがあるかもしれません。しかし、そうとも限らないのが現実です。子どもにとって安心して相談できる場や大人が少ないということを、当時の私は理解していませんでした。そして、誰にも相談できず、癒えることのない傷を負って生き続けることが、どれほど過酷なものかということを、あまり理解していなかったのでした。あのころの私は、ただ単に「せめて真実を知りたい」という親としての想いにさいなまれていただけで、現実を知りませんでした。

そのような中、少しずつ子どもたちの現実に目を向けますと、子どもの声に耳を傾けさえすれば何もかも話してくれるというわけではないと分かってきました。いじめの加害・被害の告白や誰かのいじめを発見した時の告発は、大人へのほんの少しの期待と、子どもが話す勇気を持っている、ということが前提になると思います。

ここで、いじめられていることを家族に相談できない子どもの気持ちとはいったいどのようなものなのか考えたいと思います。

ある高校2年生の女子生徒が私に、「いじめというほどのことではないけれど……」という前置きの後、今自分が置かれている状況を話してくれました。いじめ相談や告白をする子どもの多くは、昔の出来事であっても、今起きて苦しんでいる問題であっても、「大したことではない」と前置きをしてから、話し始める傾向があります。子どもに限らず、いじめなどの被害を受けている人の特徴の一つです。本当はつらく苦しい現実を軽く表現するのには、意味があるようです。「これはいじめではないんだ」と思い込むことで自身の心のバランスを保つところや、この状況を認めるのは悔しいし悲しい、と少し虚勢を張ってしまうところもあるようです。「大丈夫？」と聞かれてもつい頑張って「大丈夫」と言ってしまうことに似ているような気もします。「いじめというほどではない」と自分に言い聞かせないと、自分がつらい気持ちで崩れてしまうかもしれないという、強い不安を抱えているのではないでしょうか。

それとおそらく、今から話をする相手を信じ切っているわけではありません。いじめ被害者の話の中には、そのような心情が端々に感じられる言葉がとても多く見受けられます。これは、自分自身を保つための防衛本能の現れではないでしょうか。自然界にいる動物は弱い部分を隠すという習性があり、それと共通するようにも感じます。弱い部分を見せると、餌のターゲットになってしまうためです。ある獣医が言った「具合が悪いのにそれを見抜けないのは獣医失格」という言葉が印象に残っています。ペットとして日常的に猫がいる方も多いと思いますが、やはり猫も狙われ襲われることを恐れ、隙を見せないようです。室内飼いの猫であってもこの習性を持ち続けているというのです。私たちは子どもが直接訴えをしてくれているのですから、人間以外の動物とはスタート時点がすでに違います。ですから、対応する方法はあるのです。

人は本能としてその部分を隠したいだけでなく、人の特性としてプライドの存在も関係するように感じます。「いじめられている」と認めて人に告白することは、自分の負けであり、いじめっ子の勝利を認めることを意味しており、それは悔しいし惨めなことなのです。大人への全幅の信頼や、絶対に解決してくれるという安心感が子どもにないこと、そこが最大の問題であり本書のテーマとなるところです。

話を、相談してくれた女子生徒に戻します。彼女は涙ながらに、苦しい現実を少しずつ語ってくれました。聞き進めていくうちに、それが明らかないじめであることが分かりました。彼女が心療内科に通院し、安定剤を処方されていることも知りました。思わず私が、「ご両親はこのことを知っているの？」と尋ねると、彼女はこう答えました。「まさか、親にだけは話せない」。

ご両親とはとても仲がいいそうです。家族間の信頼関係もあり、聞く限りでは愛情溢れる環境に思えました。なのに、なぜ彼女は最初家族に打ち明けられなかったのか、どうして親ではない私に先に話すことができたのでしょうか。彼女は言葉を続けました。「自分が一番安心できるところは、そのまま残しておきたかった。家庭の中にこの問題を持ち込みたくなかった」。また、「自分が一番大切な人には心配をかけたくない」とも言っていました。

親子の関係がよいからこそ、家族が大好きだからこそ、言えないことだってあるのです。「親子のコミュニケーションがあれば何でも相談してくれる、何も言わずに死んでいくのは親子関係に問題があった」というわけではありません。「好きだから話せない」という子どもたちの家族への想い。この想いに対して、「家族にはどんなに心配をかけてもいいんだよ」と何度言っても、心の扉をこじ開けることは、なかなか難しいのかもしれません。

かくいう私も、娘が亡くなった直後、娘の友人に「香澄はどうしてもっといろいろ話してくれなかったのだろう」と尋ねていました。その子が、「おじさんとおばさんのことが大好きだったからだと思うよ」と言ってくれたことを今でもよく憶えています。私はあの時、慰めとしか感じていませんでした。しかし、この女子生徒から新たな視点を教えてもらったような気がしています。その後、ある講演先でこの女子生徒の話をした時、「大切な人に言えない気持ちがとてもよく分かる」という感想文をいただきました。多くの子どもが抱く気持ちを、私たちは大人になる過程で忘れてしまっているのかもしれません。

また、いじめの存在を認めづらいのは、いじめられている子ども自身だけではなく、その家族にもその傾向があるようです。ある親御さんは「いじめと呼べるほどではないかもしれませんが、うちの子どもは学校で無視されていて、友達が一人もいないんです」と言いました。本当に驚きの発言でした。深刻なこの状況をそのまま受け入れてくれる人、「一緒に考えよう」と言ってくれる人、安心して話せる人との繋がりがとても重要です。家族の安心が、苦しんでいる子どもの安心に繋がるように思います。情報を学校へ投げ入れる保護者と、それを受け止める学校。親御さんの友人だけでなく、現場にいる教員との連携が家族の安心を生む大切なキーポイントになると思います。

ここで一つ学校や教員にとっては残念な報告になってしまうのですが、子どもにとっては保護者より教師への相談の方が、ハードルが高いという現実もあるようです。自分が子どものころを思い出してください。悩みごとがあったとき、学校と家族、どちらの方が話しやすかったでしょうか。

それを思うと、教員への相談のしにくさについても理解できると思います。

　だからこそ、当事者や周囲から話を聞く時には、細心の注意が必要です。家族から相談があった時は、丁寧に話を聞いてください。あらゆる相談と報告は、まずはすべてを受け入れることからスタートしたいと思います。先述した女子生徒は、最終的にはご両親にいじめられていることを話せたようです。第三者である私に話したことで、勇気がわいたのかもしれません。話をして理解してもらえたという安心感から、次のステップへと進むことができたのだと思います。大人がどのような注意を払って当事者から話を聞くべきか、次の章で考えていきたいと思います。

第三章　大切なのは、大人全体で向き合うこと

1　当事者はいじめをなかなか認められない

児童生徒から、または保護者や他の先生からいじめを疑う報告があった時は、やはり事実確認を優先して行わなければなりません。解決するためにこれは避けられないはずです。しかし、その手法を間違えると、初動対応の第一歩を正しく踏み出せなくなってしまうのです。そこで、一般的に行われている事実確認——加害と被害の両者への聞き取りが有効であるか、考えたいと思います。

実際に起きた事例を紹介します。結果的に子どもを深く傷付けてしまった事例です。

Aさんは、最近いじめ被害に遭っていることを、勇気を出して学校の先生に相談しました。つらく苦しく悩んだ末の決断で、すがるような想《おも》いでした。相談を受けた先生は、事実確認をするために、加害者とされたBさんに確認をしました。すると、「やっていない。いじめたつもりはない」と言いました。事実を確定させることができなかったので、先生は次に、Aさんの親友と思われるCさんに経緯を説明し「何か聞いていない？　何か見ていない？」と確認しましたが「知らない、憶《おぼ》えていない」と言います。困った先生はその次に、加害者とされたBさんと仲がいいDさんに同様の質問をしました。すると同じように「知らない、憶えていない」と言うのです。

――まるで、国会での証人喚問「記憶にございません」のようです。子どもたちはいつの間にか、大人からこんな言い訳を学んでしまったのでしょうか。ここでも大人としての責任を感じます。

困った先生はそれでも諦めず、当事者とよく接している子どもにも聞いてみましたが、残念ながら埒《らち》があきません。先生は次に何をしていいのか分からず困り果て、Aさんに「あなたの勘違いではない？」と言いました。先生を信じて打ち明けたAさんの落胆を想像してみてください。Aさんにとっては、先生が聞き取りをして報告するまでの間、つらく長い時間だったはずです。こういったことが見過ごされているまま、大人は子どもたちに「分かってくれる人はどこかにいる。他に相談できる人はいるはず。諦めずに探しなさい」と言えるでしょうか。

被害者にいじめの有無について直接確認した時、「そんなことない、大丈夫」と言うかもしれません。「大丈夫です」と言ってくれた方が、対応をしなくてよいことになるので、一瞬ホッとするかもしれません。しかし、これは「いじめはあるけど大丈夫」という意味で言っているのかもしれません。本人に聞いてもそれが事実かどうかは分からないことが多くあるのではないでしょうか。初動での事実確認の間違いがあると、その後さらに重大事態へと悪化してしまい、忙しい先生方をより多忙な状況に、また家族を深刻な状況に追い詰めてしまうことになります。

いじめ被害者の多くが大袈裟《おおげさ》にしたくないと思っており、直接確認されてもいじめられている事実をこの言葉によって否定するのです。プライドがあり、弱みと感じる部分を表に出すことが心理的に難しいということも相俟《あいま》って、いじめられているという事実を認めるのが難しいのではないでしょうか。

　また、「大人は本当に解決してくれるのか？」という不安もあると思います。大人への信頼がなければ、なかなか本当のことは言えません。やはり人間も、弱っている部分をさらけ出すのは勇気がいることなのだと感じます。

　では、どうすれば確認できるのでしょうか。子どもたちにはぜひ「一緒に問題を考えよう、解決していこう」というメッセージを伝えてください。なかなか心情を打ち明けられない子どもたちに寄り添い、「私はいじめをなくしたいと思っている」ということを伝えてほしいのです。これはいじめの当事者だけでなく、別の子に事実確認をしたい時にも言えることです。

　まず、被害者への対応についてです。可能な限りとなりますが、人目につかないところで一言、「ちょっと聞いたんだけど大丈夫？」と尋ねることが非常に有効です。その時、問われた子どもがとっさに「大丈夫です」と答えた場合は〝いじめがある〟ということを意味します。突然こう聞かれた子どもにとって、自身に心当たりが何もなければ、「何のこと？」と聞き返してくるはずだからです。あいまいな質問に対しては、〝何に対して「大丈夫」なのか〟を確認するはずです。

　もし私が突然あなたに「大丈夫？」と問いかけたら、何と答えますか？　きっと「何のこと？」と問い返すはずです。そのため、そういう疑問も抱かず「大丈夫です」と即答した場合は、何かあるなと思ってください。「いじめられているって聞いたんだけれど大丈夫？」とは聞いていないのですから、何について問いかけているのか、すでに心当たりがあるということになります。

次に加害者とされた子どもへの対応についてですが、いじめられている子どもがそれを認めないのと同様に、いじめている子も、いじめ行為を素直に認めることはなかなかありません。仮にいじめ行為について認めたとしても、保身から被害者に責任転嫁することは十分考えられます。また、真っ向から事実を否定することもあります。

その他にも「自分だけがいじめたわけではない」と仲間にその罪を分散させ、自身の罪を軽くしようとさまざまな言い訳をすることもあります。しかし、この「自分だけがいじめたわけではない」という言葉は、よりその罪が重いことを示しています。「10人でいじめたのだから自分の罪は10分の1に軽減されるだろう」と思っての発言でしょうが、加害人数が多ければ多いほど、被害者の傷は深くなるのです。加害者の保護者も「うちの子だけがいじめているわけではない」と言うことが多く、ここの勘違いは解かなければならない重要な部分です。

当然ですが、被害加害の両当事者には、基本的に問題を大きくしたくないという心理があります。その前提で対応することが重要だと考えます。被害者は「自分が先生にチクッた（告げ口をした）と思われたくない」、加害者は「自分の責任を認めたくない」ものです。そのような中での事実確認は非常に難しいことだと想像できます。

また、当事者の近くにいる子どもは、その問題の重大性を理解しています。その問題が重大であれば重大であるほど、人はその問題に関わりたくないという心理がはたらき、保身から事実を語らなくなります。実はクラスの中で起きているいじめは、仮に大人たちが気付いていなくても、子どもたちは早い段階からその変化に気付いているものです。学校生活は多くの時間をクラス単位の集団で過ごしていて、常に同じ人間関係の中にいるので、些細《ささい》な違和感でも周囲の子どもたちは敏感に感じ取ることができるものなのです。そのため、できればその問題から遠くにいる子に、噂話《うわさばなし》でもいいので何か聞いていないか尋ねるというのはどうでしょう。いじめ当事者と思われる子とよく接している子ですと、この項の冒頭のＣさんやＤさんのように、「何も知らない」とごまかすこともあり得ます（隠れていじめに加担している可能性もあります）。いじめの当事者である子どもたちとあまり接していない子から事実確認をすると、意外な事実が分かることもあるはずです。協力してくれたことへの感謝の言葉とともに、解決のための協力者として仲間になってほしいと伝えることが大切と思います。その後に入ってくる情報によって解決への道が開かれる可能性は高まると思います。

　問題が長引けば長引くほど疲弊し、その問題から距離を置こうとします。心に受けた傷は、より浅いうちに解決しなければならないのは言うまでもありません。周りにそんな心理が生まれる前に解決することが重要です。だから早期発見・早期対応が重要なのです。

　被害者はＳＮＳをはじめ、さまざまな物証を持っているはずです。その物証は早期解決のためにも重要になります。ただし、心の負担から物証を削除することも十分あり得るため、大人が写真や録音などで記録しておく必要があります。

2　加害者とされた子へ丁寧な対応をしよう

まずは、いじめ問題を「被害者が弱いから」などという被害者の問題ではなく、加害者の問題として捉えることが重要です。加害者に対してどのような対応をしていくのかを起点とすることが重要ですので、私たち大人がその責任を果たすべく対策をして解決に導く、ということを提案します。

現在のいじめ対応は、被害者に偏りすぎていませんか。いじめ防止対策推進法の成立で学校側の措置が明確化され、被害者への対応だけではなく、加害者への対応も調査するようになりました（複数回答可で調査）。被害者へは「継続的に相談員がカウンセリングを行う」など、メンタル面へのケアが少なからず行われています。それに対し、加害者へは「保護者への報告」や「いじめられた児童生徒やその保護者に対する謝罪の指導」が半数以上であり、その他の「相談員がカウンセリングを行う」などの対応はあまりされていないのです。「ついついいじめてしまうんです。いじめをやめたいのにやめられないのです」と、自らの意思で保健室やメンタルクリニックに行く、または学校の指示で相談員のカウンセリングを受けるという加害者の子どもはどれほどいるでしょうか。今後は、いじめ問題は被害者問題ではなく加害者問題、加害者にも寄り添って加害者の背景にある問題を解決する、という新たな視点から提案をしたいと思っています。

今、実際に加害者に行われている「指導」は上下関係が生じており、教員自身が目で見たいじめ、報告のあったいじめ行為に対して「それはやってはダメ」という趣旨の、通り一遍な対応になっているように感じます。時には「何度言ったら分かるんだ！」などと声を荒らげてしまうことはないでしょうか。本人がいじめと分かってやっていることも多いので、何度叱りつけたとしても心に響いていません。仮に別室で授業を行うなどの対応をしても、一時的に被害者の安全は確保されるかもしれませんが、反省のないままそこで時を過ごしてもその場限りの対応となってしまいます。そういった表面的な対処だけでは、反省を促すことは難しいように思います。

日本の学校や矯正施設では、加害行為をした児童生徒に懲罰を与えるという傾向があります。しかし、アメリカでのゼロトレランス方式（90年代に始まった教育方針の一つ）は失敗しています。ゼロトレランス方式とは、寛容度ゼロの規律を定め、その規律を破った生徒には厳しい罰則が下され、停学や退学処分もできる方式のことです。本人に改善が見られない場合、最後には学校から排除されます。きっと退学処分になった子どもは、大人に見放されたと感じ、さらなる孤独な世界へと追い詰められるでしょう。しかし、今でもゼロトレランス方式を求める声はやみません。「こらしめなければ自分のやったことが分からない」という理屈がほとんどで、私も活動の中で何度も耳にしてきました。また、「自分がしたことの責任」として懲罰を許容し、「やられたらやり返せ」の理屈が払拭できずにいます。アメリカの失敗例を見れば、反省を促すには逆効果だったことが明白なのです。このことを一日も早く、すべての大人に理解してほしいと切実に思います。

教員がいじめの状況を加害被害それぞれの保護者に伝え、学校で話し合うこともあります。時には両方の保護者と話し合うこともあります。さらには、教員を間にはさみ、加害被害当事者とその保護者で話し合うこともあるそうです。話し合いによって必ず解決するという保証はなく、さらにこじれてしまったという経験も伺いました。教員から「保護者が関わると、より混乱してしまうので、できれば子どもたちだけの段階で解決したい」という話を何度か伺いました。

皆さんは、いじめ被害者の心の声に耳を傾けた時、どんな声が聞こえるでしょうか。「無理して行かなくていいよ」という一言で救われる子どももいます。しかしそれぞれ事情は違いますので、実は「仲のいい友達がいるから学校に行きたい。会いたい」と思っている子どももいます。「やりたい部活があるから学校に行きたい」という子どももいます。運動会も遠足も文化祭も、友達と一緒に楽しみたいかもしれません。「本当は学校に行きたい。あのいじめをやめてほしいだけなんだ」という声も聞こえるのではないでしょうか。子どもの本当の気持ち、この視点を被害者対応だけでなく加害者対応へも目を向けて解決策を探りたいと思います。

「いじめが起こっているかもしれない」と察知したり、周囲の子どもたちから「あの子、いじめられているかもよ」という訴えがあったりしたら、まず「いじめが起きているかも」との認識を持って調査をして事実確認をします。調査し、そもそもいじめと認定される行為が見当たらず、結果的に勘違いだったということもあるはずです。当事者同士、いじめでないことがはっきりして、良好な関係なのであれば、それは「加害者は存在していない」ということなのではないでしょうか。当事者はごまかすこともあり得ますが、大人が日頃から人権感覚を養い、子どもと積極的にコミュニケーションを取っていれば、ごまかしているかどうか見極められる可能性が高くなります。当事者に聞く以外でも、調査する方法はあると思います。「告発があったからいじめだ」と安易に決めつけて、すぐに加害者と認定するのは、あまりに酷ではないかと感じます。「いじめ加害者」は犯罪歴として戸籍や記録に残るわけではありませんし、履歴書に賞罰として書かなければならない、というわけでもありませんが、大人から一度でもそのようなレッテルを貼られてしまうと、その子どもの心の傷になってしまう可能性があります。うっかりや勘違いと、いじめ行為を一緒に考える必要はないと感じています。

3　自分の子どものころを思い出そう

子どもに限らず、誰にでも言われたらいやな言葉はあると思います。逆に言われて嬉《うれ》しかった言葉もあるはずです。それらを探すきっかけとして、自身の子どものころを思い出すというのはどうでしょう。それができれば、子どもの望む対応、解決への糸口を探る可能性を見いだせるかもしれません。子どもを傷付けず、想いをそのまま受け止めるために、ぜひ自分の子どものころのことを思い出してほしいと思います。

この子どものころのことを思い出す作業は、複数で話し合うとよりいいと思います。誰かの話をきっかけに、いろいろと蘇《よみがえ》ってくるかもしれません。私たちも突然大人になったわけではありませんから、きっと思い出せるはずです。それを思い出してから子どもと接してみてはいかがでしょうか。誰しもが、何かしらつらいことや悲しいことを経験してきたはずです。それを探してみてください。いじめに限らず、何でも結構です。一度、ゆっくり思い出してみてください。

子どものころのことを思い出したあなたに、いくつか質問をしたいと思います。

質問1。その時あなたは、その気持ちを家族や教員や友達に話しましたか。

質問2。相談したという方は、その時どのような言葉を言ってもらいましたか。どのような対応をしてもらいましたか。どんな対応が嬉しく、相談してよかったと思えましたか。これを思い出すことができると、解決のためのヒントになるかもしれません。

質問3。誰にも話していなかったという方は、なぜ話さなかったのですか。それとも、話せなかったのですか。その理由を考えてみてください。

一例として私の経験を話します。私は小学生の時、同じクラスの男子生徒から靴を隠されるなどのいやがらせをされ、学校へ行きたくないと思い、その気持ちを母親に話しました。すると母親は私を励まそうとしたのか、「大丈夫、そのうち収まるから。その子、あなたのことが好きなんじゃない？」と一蹴したのです。それ以上私の話を聞いてくれませんでした。当然私としても話す気が失《う》せました。そして、もう相談はしない、と心の隅で誓っていたのです。私の「学校に行きたくないほどつらい」という感情には寄り添ってくれず傷付いたという経験ですので、私のこの例は言ってはいけない言葉に分類されます。

いじめ被害の経験がある子どもたちに「誰かに話さなかった、話せなかった理由は？」と聞くと、以下の答えが返ってきました。「心配させたくない」「自分もいじめと認めたくない」「惨めな姿を見せられない」「相談してもどうせ解決できない」「家族が怒り狂って何するか分からない」「相談したらもっと問題が大きくなるかも」「何もしないで現状維持の方がまだまし」「我が子がいじめられているなんて親がかわいそう」「忙しそうだったので話せなかった」……。

残念ながら、多くの子どもたちが相談すること自体躊躇《ちゅうちょ》しているように感じます。自分の一番身近にいる家族への相談を躊躇しているとしたら、学校の先生への相談はよりハードルが高いという理由が、ここでも想像できます。「家族が学校に言うかもしれない」という理由で、家族に相談できないこともあるくらいです。

子どもたちがそんな中でも勇気を出して、苦しみから解放されたいとの想いで、あなたを信頼して相談してくれたとします。その時はぜひ、自分が救われた言葉、逆に傷付いた言葉もしっかり思い出してから対応してください。過去の自分の体験や気持ちが、いじめ問題に対応する上での大きなヒントになるはずです。

これはあらためての確認ですが、相談してもらった時に、本当にいじめがあるかどうかを疑うことや、自己責任論に繋《つな》がることは絶対に言わない、という基本に立ち返ってから話を聞いてください。悩んでいる子どもが今体験していること、そのことにより今どのように感じているか。今の気持ちをすべて受け止め隣にそっと寄り添い、その問題を一緒に考える仲間になってください。

「一人で悩んではいけない」「大人に相談しなさい」と胸を張って言うためには、受け入れ態勢と解決策模索のための基本的知識が確立されていなければなりません。それなくして、子どもに相談することを求めるのはあまりに無責任です。「抱え込まないで。話せば少しは楽になる」と言っても、安心感がなければ話せないのです。

子どもたちは、想いを受け止めてくれる人を待っています。答えを急がせず、大人の理屈を押しつけず、一緒に答えを探してくれる人を望んでいるはずです。「そんなことは昔からあった」「こう考えればいいいじゃないか」「頑張って学校だけは行こう」「そのうち何とかなる」「しなくていい経験なんかない」「いじめられないように強くなりなさい」「我慢強くなりなさい」などは、子どもたちにとっては残酷な言葉です。

大人の向き合い方によっては、子どもに新たな大きな傷を生んでしまいます。生きる意味を失いかけた子どもの場合、死へと追い詰めてしまう危険があります。

私たち大人の立ち位置は子どもの上にはありません。子どもたちの真横にそっと座ってください。そして、下から支えてください。それぞれの立場で大人のできることを見つけたいと思います。

4 「いじめられている」との訴えが届いたら

いじめ問題は、一日の大半を学校で過ごしている子どもにとっては、自身の生活に直結する問題です。

「いじめられている」という告白があった場合、その後の大人たちの対応はどうでしょう。期待感と勇気が揃《そろ》い、事実を報告できたとしても、すべての大人がいじめに対する十分な知識や解決策を持っているわけではないのですから、必ずしも解決に繋がるわけではありません。すべてを受け止めることができ、信頼に値する大人、正しい解決策を持っている大人は、なかなかいないように感じます。初動対応の段階で誤った発言をしてしまいますと、相談した子どもをさらに傷付けてしまうことが十分に予想できます。相談することによって傷付いた子どもは、二度と大人に相談しないでしょう。その結果、問題は水面下へと隠れ、さらなる重大事態になる可能性が高いのです。相談された時やいじめを察知・発見した時の初動対応が重要なのです。子どもは知識や理解の乏しい大人に信頼感を持つはずがありません。にもかかわらず、大人は一方的に相談するように望んでいるのです。

子どもから相談された初動の段階で知識を持っていないと、状況を見守ることしかできない場合があります。これは、子どもからの視点で見ますと、「どう対応していいか分からず、見て見ぬ振りしている」のと同じことです。何か対応しながら様子を見るのとはまったく違います。

また、「いじめの被害・加害の両者にいきなり事実確認をする」こともあるでしょう。実は多くの教員が、初動対応として直接当事者に聞き取るという方法で事実確認をしています。その他にも「両者を引き合わせてお互いが言いたいことを言う。互いに謝罪をさせ、握手で解決」という対応がいじめの解決策だと認識してしまっている人もいます。前の章で触れたように、これは正しい対応ではありません。間違った対応でかえって問題をこじらせてしまう、ということが少なくないのです。これでは子どもは最後の砦《とりで》を失うことになります。

そうならないためにたいへん重要なのは、いじめという事実を大人が知った時点で、すでに一定の時も過ぎており、事態は大人が想像するよりかなり深刻化していると思って対応することです。苦しみ悲しみの限界を迎え、解決のための術《すべ》を失った状況の中、勇気を出して、その大人を信じてやっと話してくれていることを大人は十分に理解し、その過酷な現実を受け止めなければなりません。一刻を争うという場合がほとんどで、心の健康を保つためにここが重要です。心に受けた傷は時間とともに深くなり、回復にかかる時間が長期に及んでしまいます。回復が困難になり一生の傷となってしまうこともあり、ＰＴＳＤ（心的外傷後ストレス障害／Post Traumatic Stress Disorder）や統合失調症などの精神疾患へと移行することもあります。

加害してくる当事者に事実確認をする際、いきなり「いじめているんでしょ」などと言わないようにしてください。心当たりのある子は、大人に声をかけられること自体がプレッシャーで、「叱られる」と思って身構えるものです。事実が確定できていない段階で叱責しないでください。加害者となった子にも、やはり「あなたのことを心配している」という気持ちを込めた声かけをしなければ心に届きません。

とある知人に「娘がいじめられているかもしれない」と相談した時、「いじめてくる子にさり気なく聞いてみたら？」と提案されたことがありました。「うちの子が友達にいじわるされているみたいで、相手が誰なのか分からなくて困っている。何かあったらすぐ私に伝えてほしい。続くようなら先生にも相談してみるから」と、加害者だと特定せずに聞くことで、その行為をちょっとの間やめるきっかけになり得ます。行為が落ち着けば、先生などに相談する余裕も生まれます。冷静でいられなかった私にとって、そのアドバイスは心強いものでした。

被害者も、恐怖や不安からすぐには事実を認めないでしょう。仮に被害者が少し話し出してくれても、核心から話し始めない場合が多くあります。小さなことから話し出し、大人の様子を見ていると考えてください。どんなに些細な問題でも、よく耳を傾けて、その想いをすべて受け入れてください。「実は、今ちょっと無視されているんだ」という一言であったなら（本人が小さなことだと言ってきたとしても）もちろんそれは小さなことではありません。ただここでは、「それはたいへんだ」などと大騒ぎするのは避けた方がいいと思います。「大ごとにしたくない」と思っているため、大袈裟に反応されると不安になり、不信感を抱く可能性があるからです。

いじめの相談をする時、最初に言う言葉はほとんどが核心からは遠い「いじめってほどではないんだけど……」という言葉です。そこで、大したことではないと思わないでください。「心身の苦痛を感じている」のであれば、それはいじめなのです。どのような内容であってもしっかりと相づちを打ち、復唱してみてください。そしてメモを取りましょう。それだけで相談した子は「一生懸命聞いてくれている」と実感し、寄り添ってもらえたと思うことができます。そこを糸口に事実に近づくこともできるかもしれません。繰り返しになりますが、子どもからSOSサインが届いた時点で、すでに精神的にギリギリの状況まで追い詰められている可能性があると思ってください。

子どもが話してくれたことにまず感謝して「つらかったね、よく話してくれたね」とその痛みに寄り添い、ねぎらってください。心の崩壊、命の危険が迫っている問題に対して「つらいけれど、その経験があなたを成長させるはず」などと的外れの励ましをしないでください。あなたの目の前にいる子どもは今虐待という人権侵害を受け、あなたを頼っているのです。どうか皆さんには、子どもの想いをすべて吸収できる〝スポンジのような心の大人〟でいていただきたいと思います。子ども自身が感じたこと、望むことを、まずは素直に受け入れてみてください。

相談を受けた後の対応も、再検討する必要があると思います。実際、講演などで訪れた学校で行われていたものは、本人の声を聞きながらとはいえ、結果的に被害者自身が何らかの対処をする（保健室や特別教室への登校、スクールカウンセラーへの相談、フリースクールや他校への転校など）ということが中心でした。中には、本人が転校を強く希望してもその希望がなかなか叶《かな》わないことや、フリースクールが遠すぎて本人の意思に添えなかったという例もありました。また、居場所の提案としてフリースクールがあることを伝えたところ、「なぜいじめられている自分が学校から出ていかなければならないんだ！」と激怒した子どももいました。被害者対応に大きな矛盾を感じていることの表れです。子どもの望むこと、今後どうしていきたいかを聞き取り、一つずつ確認しながら、時間を置かず次の行動に移りたいと思います。大人が先取りして答え（と思われるもの）を提示し、勝手に対処方法を決めることはNGです。あくまで子どもの気持ちを尊重し、一緒に模索する立場で寄り添うことが大事です。当然のことですが、子どもによって何をしてほしいのかは違います。ただ、さまざまな事情からすべてを叶えられない場合もあると思います。それがなぜできないか、他に打てる手立ては何か、当事者・家族・学校がよく話し合って、お互いが納得できる方向性を探りましょう。

5 「当事者」でない子どもはいない

多くの子どもが加害経験を有し、同時に被害経験も有しています。その立場は小さなキッカケで入れ替わることも多く、その期間もさまざまですが、結果たいへん多くの子どもたちがいじめ問題に直接関わっていることになるのです。

ここで、加害意識がなくてもいじめは起きてしまう、という私自身の経験を紹介します。私はとある友人をあだ名で呼んでいましたが、友人がそのあだ名をいやがっていると分からず、勝手にあだ名を付けていました。大人になってから、「あのあだ名で呼ばれるのが本当にいやだった」と言っていたことを伝え聞いたのです。誰が主犯格ということもなく、何となく誰かがふざけて付けたあだ名でした。そこには悪意も加害者意識もありませんでした。その場のノリで付けたのですから、今思い返せばやはり失礼なあだ名です。あだ名を付けたその時、周囲にいた人も笑っていたと思います。徐々に周りもそのあだ名で呼び、気付けばそのあだ名に相応するかのような勝手なキャラ付けをして、ふざけたことを思い出します。相手が受け入れていると周りが勝手に判断し、その同調圧力によって友人もあらがえなかったのかもしれません。この雰囲気を楽しいと感じている多数を相手に「やだ、やめて、私は傷付いている」と言えなかったその気持ちを想像します。結果的に私は、違和感すら持つことができず、いじりに加担していたと言えます。こういったことはいつでもどこでも起き得ると実感しました。

いじめに関わっているのは加害者・被害者だけではありません。友達がいじめられているのは知っているが動けずにいる子どもも多くいます。加害者やその場の空気に逆らえずにいじめに加担している子どももいます。ある高校生は、同じクラスでひどいいじめに遭っている子の姿を毎日見続けていた結果、耐えられなくなり不登校になったそうです。助ける術が自分にないことへのジレンマもあったのではないでしょうか。自分は学校に行きたいし勉強もしたい、という強い気持ちがあるにもかかわらず、徐々に自分の体調にさまざまな変化が起きてきたそうです。学校に行こうとすると、想像しただけで体が硬直し、玄関先でうずくまってしまう。息が荒くなったり、頭が痛くなったり。行こうとして家を出ても、途中で引き返してしまう。憂鬱な気持ちを抱えながらしばらく過ごしていましたが、ついに登校できなくなりました。自分がいじめられているわけではありませんが、被害者の子のつらい気持ちが自分の心にもストレートに届き、まるで自分がいじめを受けているような感覚になってしまったのではないかと想像しています。メンタルが疲弊し、その子は結局学校に行かないまま卒業。その後大検を受け進学はできたそうですが、そうなるまでには長時間悩み苦しみ、多くの時間を費やしたのです。

もしその子の学校にいじめを見ている子が相談できる場所があったら、状況は変わったのではないでしょうか。例えば、伝えても「チクった（告げ口をした）」と思われない、また自分が知らせたことは誰にも分からない、そんな保証がある窓口を学校など子どもたちの身近な場所につくることはできないでしょうか。もしこのようなシステムがあれば、自分がいじめに遭ったとしても、守ってくれる人がいるという安心感を生み出すことにも繋がると思います。地域全体が「あなたを守る」という強いメッセージを発信する一つの形にもなると思います。

いじめに関係のない子どもはほとんどいません。そのほとんどが不幸な経験をするのですから、重大事態に発展する前の早期発見と正しい対応の確立が必要です。

いじめが放置されるという理不尽な状況にしないためには、知っている情報のすべてを、解決・再発防止のために提供することです。この点は子どもが自殺や自殺未遂をした時などにも言えることです。小さな情報でも、「もしかしたら」という情報でも、噂でもいいのです。小さな点は後に線となり、問題解明の大きな足がかりとなります。一般的な方法としてはアンケートがあります。アンケートに自分が知っていること（見たこと、聞いたこと、感じたことなど）として情報提供し、調査に協力してほしいと思います。子どもたちに向けてアンケートを取る場合も、「悲しいことが繰り返されないように、対策を立てるために、知っていることを教えてほしい」と率直にお願いしましょう。大人同士、教員同士での情報共有も有効です。一人の情報がきっかけになり、「そういえば、こんなシーン見たな」と思い出して、結果的にいじめを早期発見できるからです。

6　友達を傷付けてしまったら

いじめを起こさせないために、何より大切なのは予防教育です。かくいう私も実は、「私立に行こうが公立に行こうが、どの学校に行っても、一度や二度いじめの経験はするのでしょう。社会に出る前の一つの経験」と考えていました。しかし、そうではなかったのです。いじめ被害は「しなくていい経験」ではなく、「してはならない経験」だと思っています。いじめは著しい人権侵害ですので、発生させてはならないのです。一度負った心の傷は簡単に修復できず、その人の一生を狂わせてしまいます。死へと追い詰められることもあるのです。

しかし、とても残念なことですが、予防教育が徹底され人権意識が養われたとしても、いじめが起きてしまう可能性はゼロにはなりません。ちょっと魔が差してしまうこともあるかもしれません。大人でも、気付かずにやっていることや、よかれと思ってやっていることの中に、不本意ではありますが相手を傷付けてしまうことは往々にしてあります。それは受け取る側の感じ方の問題だからです。いくら気を付けていても、相手を傷付けてしまうという事態を完全に防ぐことはなかなか難しいと思います。私は、傷付けたという結果に対しての責任は生じると考えています。

いじめを解決するために、まず何をするのか。やはり、まずは心からの謝罪の気持ちを相手に伝えることではないでしょうか。大人、子どもにかかわらず、直後の謝罪があるかないかが、その後の問題解決のための最優先事項だと考えています。

私は子どもたちへの講演で、「傷付けるつもりはなかったけれどお友達を傷付けていた、ってことあるよね。そんなことが起きてしまったら、みんなはどうする?」と尋ねています。子どもたちには講演の後半にいくつかの質問をするのですが、これが最初の質問です。傷付いたと言っている人のせいにして、自分はそれほどのことはやっていないと責任回避するのか。または、まずは結果に対する責任として心からの謝罪の気持ちを相手に伝えるのか。気付いていたか？　いなかったか？　を問題にするのではなく、傷付けてしまったことや、悪いことをしたと素直に認められるかどうか、その選択をまずは迫られるということです。この「人を傷付けたと分かった時にどうするか」という問いは、事後の対応としてたいへん重要で、ここがいじめ解決のための最大のポイントかもしれません。問題が発生する前にこの問いに対する答えを準備しておくことがたいへん重要で、重大事態へと進ませないための鍵と言えるでしょう。謝罪をするのであれば、潔く直ちにしなければ、その意味合いが薄くなってしまいます。事態発生後に「いったいどちらに原因があったのかな？」などと経緯を検証し始め、結果が分かるまで謝罪はしなくてもいい、という理屈は通用しません。傷付いたと感じている側は、その苦しみや悲しみから、目に見えない血を流し続けているからです。苦しみの中で、「どうしてあんなことするの？　どうしてあんなこと言うの？」と悶々《もんもん》としながら涙を流す夜を想像してみてください。いじめが収まり解決するまで、そのような日が何日も続くのです。当然ですが、日を増すごとにその傷は深くなります。そして、その心の傷は深くなればなるほど、快方に向かうために時間を要します。時として回復が困難になることすらあります。いじめられている子ども、不本意に責められていると感じている子どもにとっては、一日がとてつもなく長い、まるで生き地獄なのです。早い段階で「ごめんね」の想いを受け入れることができれば、相手を許して受け入れるという展開が生まれることも少なくないはずです。

「あの時はそんなふうに捉えられると思っていなかった」ということは、大人の世界でもあるはずです。もし加害者側に傷付けるつもりが本当になかったのであれば、そして心からの謝罪の気持ちを相手に受け止めてもらうことができたなら、「ごめんね。傷付けるつもりは本当になかったんだ」と伝えてもいいと思います。そこから新たな関係が生まれるかもしれません。謝罪の気持ちを受け入れた後であれば、被害者が理解してくれる可能性はあるのではないでしょうか。被害者が許せたのであれば、加害者となった子をいつまでも「加害者扱い」する必要もないと思います。もちろん、冒頭に「傷付けるつもりはなかった」と言うのは間違いです。「傷付けるつもりはなかった」という言葉を最初に言ってしまうと、「自分は悪くない」というふうに聞こえ、言い訳をしているようで、心からの謝罪だと思えなくなるからです。

ただ、心から謝罪しても、あまりの傷の深さから許してもらえないこともあるということを憶えておく必要があります。謝罪の気持ちを受け入れず許してくれない被害者に対して、加害者も仲介している大人も「どうして許してくれないんだろう」と思うかもしれません。悲しくなったり、むなしくなったり、怒りがわいてきたりもするかもしれません。そこで逆恨みするのではなく、あくまでも被害者の気持ちを尊重し、どう距離感を保てばいいのか再度検討をする必要があると思います。もし被害者が「そばに来ないで、声も聞きたくない」と思うほどの傷になっていたなら、安易にこちらの気持ちを押しつけることはできません。傷を負った人の気持ちを優先してほしいと思います。

また、多くの人が自殺を「最悪の結果」と言いますが、本当にそうなのでしょうか。自殺はいじめ被害の中の一つの結果ではありますが、心の傷を負ったまま人生を生きている人はたいへん多いのです。人数で比較するものではないかもしれませんが、一生の傷を負わされ、幸せな人生を奪われてしまう人の方が桁違いに多いと想像します。そのような人たちに対して、「生きているのだからまだまし」とはどうしても思えないのです。この意味からも、やはり発生後早期の謝罪対応が必要です。

ぜひ予防としても、また問題発生後の対応としても、「謝罪」について確認をしておきたいと思います。重大事態へと悪化させないため、問題が起きてしまう前にこのことをよく認識しておきたいものです。謝罪はさらなる重大事態の発生を防ぐため予防対策の肝《きも》となる大切なテーマです。

7　不登校の子どもをできるだけ「特別扱い」しない

学び方や生き方についての選択はさまざまですので、不登校状態すべてを否定はしません。しかし、不登校で悩んだり、苦しんだりしている保護者や子どもがたいへん多いのも事実です。

日々多忙な教員にとっては、不登校の問題がたいへん大きな負担であることを想像しています。講演をさせていただいたり相談を受けたりする学校の多くが、複数の不登校対応に苦慮されているのですが、時として保護者と学校現場の緊迫感に差を感じる場面があったのも事実です。保護者は我が子の不登校に日々悩み葛藤しているが、学校としてはすべてに対応しきれないというのが現状で、そこに温度差を感じるのです。

保護者が子どもから原因を引き出そうとしてもなかなか話すことはなく、強引に聞き出そうとすれば、かえって距離が生まれてしまうことになります。一番苦しんでいるのは子ども自身であることを保護者も承知しているのですが、保護者も苦しくなるものです。子どもを救うためには、その保護者への心の支えとアドバイスが何より必要です。保護者の混乱が子どもの心へ与える影響は計り知れませんので、まずは保護者の安定した心を取り戻したいと思います。

不登校児を抱える家族への支援は、本来もっと学校や地域の大人たちが行うべきだと思います。大人も子どもも、安心して気持ちを語り、現状を伝え一緒に考える人がいる、そんな場が必要です。当事者が自らそういった場や団体にアクセスすることは難しいため、機会を窺《うかが》って繋ぐことが大切です。その役割を担う要として、教員や他の保護者の存在はかなり有効だと思います。近くに不登校問題について活動する団体があるかもしれません。そういった団体に関するパンフレットなどを渡しておくのもいいと思います。

そのような団体があるという情報は、保護者にとってたいへん心強いものです。何の情報もなく、不登校の我が子とだけ向き合うという生活がいかに不安で苦しいかを想像すれば分かります。そして、対策がないまま間違った対応をしてしまうと、重大な事態を引き起こすきっかけとなってしまいますので、専門家と家族を繋げるというのは、とても大切なことです。また、すべての学校にいじめ対策に関する委員会がありますので、ＰＴＡとの連携の中でいじめと不登校について学び、情報を共有し、問題が発生した時に支え合う関係を構築しておくことが重要であると考えます。さまざまな団体との連携を機能させてほしいと思います。

原因が解消されていなかったり、安全な場所が確保されていなかったりして、不登校へと追いやられている子どもがとても多いと考えています。そのような子どもが、学校へ行くタイミングを窺っているということを知ったら、どうすればよいでしょうか。

まず、保護者の立場から考えます。不登校になった理由とは何なのか知りたくて、焦ってしまう場合があると思います。しかしやはり、焦りは禁物だと思います。まずは「あなたがしないでほしいことは絶対にしない」「言わないでほしいことは絶対に言わない」というメッセージを伝えてほしいと思います。子どもとの意思確認がないまま、子どもの望まないことをしてはならないのです。子どもは、安心、安全の保障がないために、怖くて言えないことを抱えているのです。

本人にもし学校へ行きたいという気持ちがあるのなら、それを阻害しているものは何なのか、取り除いてほしいものや足りないものを安心して言える家族の環境が大切です。それでも言えないということは十分考えられますので、できれば家族は、いつも通りの雰囲気で接してほしいと思います。時間はかかるかもしれませんが、本人の心の動きを待ち、もし不登校の原因に繋がる何かを話し始めたら、一切否定することなく真剣に耳を傾け、大きくうなずき、復唱しその話をメモしてください。このような対応を見ると、すべてを受け止めてくれているのだと感じてもらえると思います。

もしその先に、「明日学校へ行こうかな」という言葉が続いたら、つい喜び笑顔になってしまうかもしれませんが、ここでは喜びの表現はしないでほしいと思います。我が子を応援する気持ちと相俟って、「じゃあ学校に送っていってあげようか」「何か手伝うことない？」とこちらが先行してしまうのが常だと思います。我が子の変化は自分の喜びとしても感じると思いますので、笑顔になってしまうし、応援してあげたいという気持ちになるのは分かりますが、ここではいったん感情を抑えて「大丈夫？　無理しなくてもいいよ」と、声をかけてほしいのです。まずは、あなたを心配しているというメッセージを伝えてください。家族の笑顔を、素直に喜んで受け入れられる子どもばかりではありません。子どもは、自分が「学校に行く」と言った時にどんな反応をするのかを見ています。そこで家族が大いに喜んだり、必要以上に急かしてきたりしたら、学校に行けなかった今までのすべてを否定されたように感じてしまうこともあります。不登校のその間、家にいること自体、どこか罪悪感のようなものを感じていた子どももいるのではないでしょうか。家族の笑顔に対して、「やっぱり行ってほしかったんだ」「学校に行けないことが迷惑だった？」「気持ちを分かってくれていなかったの？」と、否定的な感情が生まれてしまわないような配慮が必要と思うのです。心配している気持ちを伝え、今までの状況も肯定し、一歩動き出そうとしていることに対してまずはその気持ちを受け入れてほしいのです。我が子の言葉を復唱するだけでもいいかもしれません。その決断と勇気を尊重する声かけをするよう、ほんの少し気遣ってください。

それでも本人が「やっぱり明日行ってみる」と決心したのであれば、「じゃあ、何か手伝えることはあるかな?」と、そっと背中を押してあげてほしいのです。こちらが焦ったり急かしたりするのではなく、本人の意志を何より尊重する関わり方が、お互いの安心感を生むのではないでしょうか。子どもたちは家族の期待や都合など、さまざまな気持ちを瞬時に感じ取りますので、思わぬ言葉や表情で傷付けてしまうことがあるということを知っておくことが重要であると思います。そして、学校へ行くと決めた時は、家族から学校の先生にも一言連絡していただきたいと思います。不登校の児童生徒がクラスにいる先生は、保護者の方にこのような対応について提案してみてください。不登校の子どもがいる家庭は、登校を促す雰囲気をつくらないことがとても大切だと思います。

次に受け入れる学校側の対応ですが、大袈裟に迎え入れないようにしてほしいと思います。例えば、その子どもの登校前日に「明日○○さんが登校するから、皆さん仲よくしましょう」などと、クラス全員に告げることはしないでください。実はこれは、本人の意に反しているのです。不登校だった本人は、「そっとしておいてほしい」「目立ちたくない」と思っていることがほとんどです。あくまでさり気なく、元の生活に戻りたいのです。「特別扱い」をされてしまっては、「悪目立ち」するどころか、本人の「登校したい」という前向きな気持ちまで削ぐことになりかねません。勇気を振り絞って登校してきた本人に、大袈裟な歓迎ムードは禁物です。絶対に避けたいところです。大袈裟なことはしなくても、先生や仲のいい友達の笑顔は「よく来たね」と物語っていると思います。

不登校の原因には、いじめが関わっていることが少なくないという認識で、できれば登校前日に、その子のサポートをしてくれる友達と連絡を取り合い、一緒に登校できるような態勢を整えることも必要かもしれません。もちろん、これも本人の意思を優先してください。不登校になった原因の一つがいじめだった場合は、加害者にきちんと反省させ、当事者と今後の対応を一緒に考えていきましょう。時には学校全体での配慮が必要です。よく情報共有し、役割分担もしながら対応に当たってほしいと思います。

学校や教員の役割は「クラス全員への〝根回し〟」ではなく、不登校の原因がきちんと解消されているかどうか、再確認をすることにあるのではないでしょうか。もし原因が解消されていない場合、せっかく本人が登校をしても、再び不登校へと逆戻りすることになり、さらに解決が困難になります。そうならないように、自然に振る舞うことを心がけてみてください。

地域の人がいじめを見つけることもあると思います。街中で見かける程度では子どもたちの変化に気付かないと思いますが、通学の見守りなどで日頃から様子を継続的に見ている人は、変化に気付きやすいのではないでしょうか。いじめのような場面を目にした時、それが本当にいじめなのか判断することはなかなか難しいと思いますが、安心して話せる窓口があれば「これを学校に伝えるべきか？」と悩むこともなくなります。通報する壁を低くして「ちょっと気になる子がいるのですが、大丈夫でしょうか？」と、とりあえず伝えることもできます。「よく遅刻するあの子、なんだか暗いな」「学校に向かう足取りが重たそうだな」「あれってもしかしていじめ？」――そんな様子を地域と学校が共有し、問題があれば解決に導く工夫が必要です。

皆さんの周りには学校、家庭、地域が気兼ねなく情報交換できる場が確立しているでしょうか。また、それは機能しているでしょうか。ここも今一度検討の必要があると思います。

そして、笑顔で「おはよう」「お帰り」と声かけし、手を振るだけで少し安心する子どももいると思います。私たち大人が日常の中でできることもあると思います。

8　多くの悩みや問題を解消するための「チーム学校」

いじめ、不登校とともに、虐待、ＬＧＢＴＱ（性的少数者の総称）、発達障害、ヤングケアラー（本来大人が担うと想定されている家事や家族の世話などを、日常的に行っている子ども）、外国籍、愛着障害、その他にも数多くの悩みや問題を抱えて苦しんでいる子どもたちが、学校には相当数いると想像できます。それらの悩みや問題を抱えた子どもたちが一つの教室に混在するという前提で学校全体を思い浮かべれば、その人数はどれほどになるでしょう。これら諸問題に正しく対応するには、問題についての知識が必要になるわけですが、一人の教員がこれらすべての問題に対し、専門家と同等の知識を得るのは不可能です。授業とそれに伴う仕事だけでも十分に多忙なのではないでしょうか。学校の先生の苦労は想像を絶します。

それでは、さまざまな問題に対応しなければならない教員は、誰を頼るでしょう。一番身近な存在として、保健室の養護教諭を頼ることもあるのではないでしょうか。教員が養護教諭を頼るのと同様、子どもたちも頼る場や息抜きの場、緊急避難の居場所として、保健室の養護教諭の所に行くことがあるはずです。当然、病気や怪我《けが》をする子どももいます。一人二人の相談だけでもかなり時間を割くと思いますので、学校で起きたこれらの悩みや問題が保健室へと一点集中してしまったら、養護教諭はパンク状態です。養護教諭のメンタルも崩壊してしまうのではないでしょうか。その他にも相談先として、スクールカウンセラーや教育委員会、スクールソーシャルワーカー、スクールロイヤー、その他専門家に相談することもあると思いますが、発生した問題すべてをカバーするマンパワーが十分とは思えません。

教員それぞれが持っている知識と知恵を持ち寄ることが重要になります。その子どもの特性によって対応は違ってきます。教員が間違えてしまうと子どもに大きな負担を与えることになり、その後の人生にまで大きな影響を与えてしまいます。その問題に少し知識がある教員がいたら、何かしらの糸口に繋がるのではないでしょうか。まずはその知識を教員同士で共有し「チーム学校」を日頃から機能させておくことが重要になると思います。

2013年にいじめ防止法が制定され、各学校にいじめ対策に関する委員会（複数の教職員、心理、福祉等の専門家その他の関係者により構成される組織）を設置することが義務づけられました。実は、この委員会を「問題が起きた時に招集する場」と勘違いしている教員もいます。ここを、情報共有とさまざまな知恵を持ち寄る起点として機能させてほしいと思います。

講演先の学校の先生から想いを伺う機会が多くあるのですが、「周りの学校よりいじめを減らしたい、不登校を少なくしたい、成績をよくしたいという本音がある」と教えてくれた校長先生がいました。「他の学校と比べなくてもいいのに」と思いつつ、人の心理として理解することもできます。ぜひそれらを実現するためにも、各学校設置のいじめ対策委員会を機能させてほしいと思います。いじめについて学ぶ場、予防のための対策を立てる場、情報を共有し問題解決の糸口を探る場、再発防止の検討をする場と、あらゆる場面でこの委員会を機能させてほしいのです。現状は月1回、半年に1回、年に1回と、開催頻度は学校によってそれぞれのようですので、十分に機能している学校は少ない、というのが私の実感です。すでに存在しているものが効果的に利用されていないということが非常に残念です。

私は教員研修時、聴講いただいた先生には自身の制作したリーフレット「チーム学校をつくろう」を1部ずつ配付させていただいています。学校を扇の要として、子どもや家庭、そして学校の枠を超え地域との連携を生み出したいと思います。子どもの問題を学ぶハブとしての役割を担うというイメージで、荷が重いと感じるかもしれませんが、ハブが機能すればその荷を分散させることもできるのです。

一人で抱え込まず、多くの教職員や地域の方々で知恵を共有し合えば、救える心と命はあるはずです。一人一人の知識と知恵は、持ち寄ることでさらに大きな力になります。

9　問題発生後の保護者説明会

学校は重大事態などの問題発生後に、保護者へ事態の経緯を説明することがあります。当然ですが、正しい経緯と事実の説明でなければなりません。驚き、不安、複雑な想いを抱えて集まった保護者たちを前に説明するのですから、先生方の準備はさぞかしたいへんなのだろうと想像します。報告は、現時点で知り得た情報を、どこまで周知していいのか被害者や家族に確認して、了解の得られたことについて伝えることだと思います。自分たちにとって都合のいいこと、悪いこと、そういったあらぬ計算をすると、その後あらぬ攻撃を受けることになるだけです。

対応に問題があった学校の管理者と、当事者となる教員のみを悪者にして、対立関係を生んでも意味がありません。保護者説明会という貴重な対話の機会を、学校を糾弾するだけの場にしてはならないのです。もしかしたら保護者としても、学校や子どもとの自身の関わり方について反省するべき点があったかもしれません。保護者説明会が自身の保身のために責任を押しつけ合う場となららないように、細心の注意が必要です。問題点を浮き彫りにして、その先にある再発防止へと繋げるための重要な場なのです。

問題が発生してから重大事態へと悪化してしまうまでの間、情報の共有はなされていたのか。もし被害者やその問題を知る関係者が学校に訴えていたにもかかわらず学校の動きが鈍かったり、情報が共有されていなかったりといったパイプの詰まりが生じていたとしたならば、それはどこで、何が原因だったのか。それを解明するための発展的な保護者説明会であるためには、まずは互いが素直に事実を認め合うしかありません。当然のことながら、保身により問題を闇へと追い込んではいけません。

「子どものため」という言葉を便利な言葉として使ってはいないでしょうか。大人が子どもに対して何かを〝してあげる〟という流れが上下関係を生み出してはいないでしょうか。「子どものため」と言いつつ、ベクトルが自分を守る方向に向いてしまう人も少なからずいます。「子どものため」という意識によって、大人の理屈が優先されてしまうのでは、という懸念があるのです。

そこで、「子どものため」ではなく「子どもにとって」と言い替えるのはどうでしょう。言葉を変えると、子どもの立場からすべてを見るという視点が生まれ、子どもの最善の利益を追求することに繋がると思うのです。「子どものために何をしてあげるか」と子どもを下に見るような視点ではなく、「子どもにとって何が最良か」という考え方になるのです。子どもに対して「あなたのために言っている」と言ったことがある人は多いのではないでしょうか。それは正しいのでしょうか？　大人のエゴを押しつけたりしてはいないでしょうか。これは保護者説明会にかかわらず、すべての問題の基本に据えることが重要だと思います。そのことにより、結果的に保護者と子ども両者の利益を生むはずです。

子どもを中心にした学校と家族、という大人たちのチームが機能しなければなりません。

保護者説明会は、報告は報告として受け止め、その問題点を明らかにし、反省点や改善点を浮き彫りにする場にしたいものです。その意味では、学校の姿勢、聞く側の姿勢、そして、当日のプログラムと司会の進行の役割は非常に大きいと思います。

10　第三者調査委員会に思うこと

私は「重大事態発生直後の調査を徹底することと、その情報を被害者と共有することが実現すれば、その後の不毛な争いを回避することができる」と実感しています。しかし私の知る限りそれは実現していません。遺族の立場として、その経験から感じていることを率直にお伝えしたいと思います。

第三者調査委員会（以下「第三者委員会」）とは、遺族や被害者が真実を明らかにすることや、学校や加害者に謝罪することを求めた時、学校サイドと意見が相違し、対立関係となった場合に、調査を依頼する組織のことです。当事者ではない第三者機関を設置することで、真相解明に繋がります。

例えば自殺が起きると、警察は事件性の有無について家族に聞き取るなどをします。そこで事件性がないと判断された場合は、学校内の問題にまで踏み込むことはありません。だからこそ、重要になるのが学校の初動調査なのですが、残念ながら、私は学校の初動調査が機能しているとは思えません。重大事態発生時、学校はすぐに調査を開始しているでしょうか。調査のやり方やその内容に問題はないでしょうか。

たいへん残念な現実ですが、自殺が起きてもそれを重大事態とせず、学校が初動調査をしていない例が多数あり、実態はほとんど明らかにされていません。いじめ防止法が施行され10年以上の時が過ぎているにもかかわらず、その理念に基づいた調査がされていないのです。警察のような本格的な「捜査」を学校に求めているのではありません。誰にでもできる簡単な「調査」を求めているだけです。

重大事態後にアンケート調査をしていても、その情報を被害者サイドと嘘偽《うそ》りなく共有しているでしょうか。個人情報が含まれる場合はもちろん配慮しなければなりませんが、情報開示（共有）するか否か、開示するとすればどこまでするかという判断が学校に委ねられ、加害者への人権配慮が行きすぎているということはないでしょうか。私が相談を受けた被害者（その家族を含む）の多くは、学校との間で共有されていないという状況でした。個人情報を盾にして学校が開示や共有を拒んでいては、被害者の願いは叶《かな》わず、再発防止にも繋がりません。被害者サイドからすると、本当に個人情報の観点で拒否しているのか、何かを隠そうとしているのではないか、という疑念があり、不公平さを感じています。情報公開に関する知識のない学校と教育委員会だけの判断では無理です。情報の偏りが不公平さを増大させ、被害者と学校との間に大きな壁ができるのです。

また、第三者委員会を立ち上げたくても委員が見つからず、立ち上げに膨大な時間を要してしまったという例もあります。半年以上委員を探し続けているという自治体もあり、「誰でもいいから委員になってほしい」という心の声が聞こえてきました。このような状況で立ち上がった第三者委員会は、本当にいじめ問題の専門家と言えるのでしょうか。本当に子どもの気持ちを代弁してくれるでしょうか。その場しのぎ的に委員を集めた場合、被害者がいくら自分たちの想いを伝えても、それに答え得る調査報告書となる保証も危ういということです。「自分たちの想いを受け止めてくれない」と感じたら、誰でも傷付きます。委員の選任が適切でなければ、このような新たな傷を生み出すのです。

教育委員会の皆さんは、委員探しの段階でたいへんご苦労されているようです。すべての事案を重大事態と認定していたなら、人手不足で第三者委員会を立ち上げることすらできないというのが現実です。多くの自治体では、重大事態が起こっても調査ができないという実態があります。放置されているいじめ重大事態の被害者人数は桁外れに多い、と想像することができます。

仮に、ようやく委員が見つかったとします。第1回の会合で初めて出会ったそのメンバーは、その日何をするでしょうか。顔合わせだけして解散ということはないと思いますが、調査の内容を詰め、その日のうちに調査は実施されるのでしょうか（そもそも、この段階での調査は初動調査とは呼べません）。即動き出さなければならないのに、調査開始までに、いったいどれほどの時間を要してしまうことになるのでしょうか。

人の死という結果に対してだけでなく、心身または財産に重大な被害が及ぶ問題発生は、言うまでもなく命に関わる重大事態です。

私はこの第三者委員会が十分に機能しているとはどうしても思えません。被害を受けた関係者の苦しみをかえって助長させている、とさえ感じています。

第三者委員会が立ち上がっても、当然ですが第三者委員会のメンバーはその事件の第三者であり、検証のためには学校が実施した重大事態発生直後の調査に頼らざるを得ません。学校が行う初動の調査が確立されていなければ、せっかく立ち上げることができた第三者委員会は、何を基準に調査と検証をすればいいのでしょうか。

情報は時間の経過とともに記憶が曖昧となり、被害者責任論も蔓延《まんえん》しやすくなります。時間が経《た》ってから調査した内容が最終報告書となり、その後の再発防止対策を考える基準となるのはたいへん危険です。被害者が不利になるような、事実とは異なる情報が集まってしまうのです。事実をねじ曲げるための材料になり、当事者でない第三者委員会が正しい判断をするのは困難です。その結果、学校と被害者のたたかいは続いてしまうのです。より正確な情報を収集するために、早期に調査を行い検証することが大切です。

最初の第三者委員会に納得ができず、さまざまな疑義が生じてしまった場合、多くの被害者は（市区町村から都道府県などへと）部局を替えて新たな第三者委員会の立ち上げを望みます。これには膨大な時間と手間を有し、行政も予算の措置をしなければなりません。調査する委員、待ち続けなければならない被害者、双方が大きな負担を強いられます。その期間はそれぞれの事案によって違いますが、最低でも1年、場合によっては2年以上かかることも覚悟しなければならなくなります。それでも納得がいかなければ、民事裁判や調停などの手段に訴えることになります。そうなると、この問題に関わってくれている多くの人は疲れ果てます。とことん最後まで寄り添い続けるというのは、たいへんな覚悟と労力が必要になります。絶対的な味方、と思い込み頼っていた多くの人が被害者の周りからいなくなり、社会の関心も薄らいでいきます。膨大なお金もかけて、身も心もボロボロになっていくのです。財力のない人はお手上げということが一般的です。被害者は個人ですので、家計を直撃します。財政面での差は歴然としており、まるで象とネズミがたたかっているかのように感じます。冒頭で述べた不毛な争いとは、このような圧倒的な差の中、事実と虚偽が何年もたたかい続け真相にたどり着くことができない様のことです。この不毛な争いを避けるために一番重要なのが、問題発生時点からの透明性の確保です。これが実現すれば不毛な争いには突入せずに済むのです。

人は問題が深刻であればあるほど、その問題と距離を置きたいという心理が生まれます。誰でも面倒なことに巻き込まれたくはありません。その結果、自分にとって都合のいい情報のみを（無意識のうちに）選ぶようになります。事件直後にはあった正義感は影をひそめてしまうのです。「そういえば被害者の○○さん、こういうところがあったよね」「やっぱりあの子にも問題があったかもしれない」という気持ちの変化が起きている中で調査すれば、事件直後に実施した調査と大きな差が生じるのは当然です。

第三者委員会を立ち上げた当初、被害者や遺族は言葉や文書で事実を伝えています。しかし時が過ぎてからの調査内容は、その事実を打ち消すための材料となってしまうのです。捜査のプロではない人たちに、それら相反した情報を元として判断や証明をする力はありません。結果的に、当初被害者が訴えた事実が覆され、被害者サイドが不利な最終報告書となってしまうのです。

調査とその情報の共有ができないことに起因し、被害者が持っている当然の権利が奪われるということも起きています。それは、災害時独立行政法人日本スポーツ振興センターから被害者に支払われる給付金が、いじめ被害者や自殺遺族に対してはほとんど支払われていないという重大な問題です。この責任は、日本スポーツ振興センターだけにあるのではありません。そもそも被害者や家族は、その傷の深さによって事実に向き合うことができない中、事実解明のための交渉を続けることになるのですが、その折り学校から給付金制度の存在を知らされていない人がとても多いと実感しています。うつ病やＰＴＳＤなどを発症した時はそれを証明する診断書とともに申請するのですが、この給付金の存在を知らなければ申請の発想すらなく、病院へ行って診断書を作ってもらう、ということもできないかもしれません。気付けば申請の時効2年を過ぎてしまうという状況もあるのです。

学校などの管理下における災害に対する災害共済給付の対象は、心身に対する負担の累積に起因する疾病となっていますが、我が家のように「いじめはない。学校管理下での自殺ではない」と断言されてしまえば、その先手も足も出ないのです。特に、すでに語ることのできない我が子のことを思う遺族としては、「何があったのか？　せめて真実を知りたい」という一義的な目標が達成されれば、その後は自分の今後の人生を考える心の余裕が少しは出てくると思います。初動調査、情報共有は基本として、そこにもう一つ災害共済給付が保証されれば、第三者委員会立ち上げや民事訴訟という、被害者と遺族たちのつらく長いたたかいは激減するでしょう。

当事者およびその関係者からの正しい情報を早急に集めるのは学校の責務です。いじめによる自殺が疑われる場合は、いじめ防止法28条に則り、学校が主体となり、アンケート調査を3日以内に実施してください（資料4）。周りにいた子どもたちにとって、真実とともに苦しみや想いをしっかり伝えることは、心の回復にたいへん重要です。アンケートから得られた情報については、被害当事者（家族を含む）が公開を望むかどうかの確認が大切です。公開を希望した時、その公開範囲についても留意が必要です。公開されたくない情報まで公開されると、今後の人生にとって大きな心の傷となり、公開そのものが二次被害になってしまいます。自分も忘れたいし周りにも忘れても

資料４　重大事態発生後のアンケート

「自殺、事件、事故後の調査書」（質問内容フォーマット）

去る○月○日に発生した、同校○年生の○○さんの件で伺います。

いったい何があってこのようなことが起きてしまったのでしょうか。

この調査の目的は、二度とこのような悲しい出来事が起きないようにするために、このことに関する原因を探り、新たな対策を立てることです。

私たちは○○さんの苦しみを決して無駄にしてはなりません。

みなさんの知っていることを教えていただくためアンケートを実施しますので、ご協力をお願いします。なお、アンケートの内容は、自分の子どもに何があったのか、せめて真実を知りたいというご家族の願いに応えるために、ご家族にもお知らせすることをご理解ください。

【問１】あなたは○○さんについての情報が何かありますか。

ある・ない

ある方はこのまま次へ、ない方は問２へ進んでください。

あなたが自分で見たこと

いつごろ、どこで、誰から、どんなことを何回くらい？　ふざけているだけに見えたことでも、気になったことがあれば書いてください。

また、ここ１～２週間で変わったことなどありましたか？

聞いたこと（いつごろ、誰から、どんなことを聞きましたか？）

【問２】何か伝えておきたいことや相談したいことがあれば、書いてください。

【問３】○○さんのことについて、よろしければ今のあなたの気持ちを書いてください。○○さんやご家族へのメッセージでも結構です。

ありがとうございました。今後も何か思い出したり、言い足りなかったことがあったら、先生とご家族の方に知らせてください。

ご協力ありがとうございました。

年　　組　名前（　　　　　　　　　　　）

名前は書いても、書かなくてもいいです。

アンケートは封筒に入れて、封をしてから、担任の先生に提出してください。

出典：NPO 法人ジェントルハートプロジェクト公式サイトから作成

らいたい、と思うことはあるのではないでしょうか。不本意な公開範囲は、その後も事件の痛みから解放されず、生きる上で大きな障害となってしまう危険性があります。そのような本末転倒な結果だけは避けたいと思います。被害者の意思確認を丁寧にしてください。漏れがないか細心の注意をお願いします。また、その調査実施後（できれば調査実施と並行して）、第三者の人を立ち会わせるなど外部の目を入れる工夫が必要だと強く感じます。情報開示範囲の判断などの問題があるためです。初動調査のアンケート内容と結論に至るまでの経緯は、被害者と情報共有を十分にして、両者が納得しなければなりません。後々の争いを防ぐためには、チェック機能を担う第三者が必要です。この第三者は、いじめをはじめとする人権問題、個人情報の取り扱いに通ずる専門性を有した人でなければならないと思います。スクールソーシャルワーカーや教育委員を発想するかもしれませんが、個人的には子どもの権利に精通した弁護士がいいと考えています。いじめ防止法など関連する法律や条約を理解し、個人情報の取り扱いに精通している人でなければ、この役を担うのは難しいと考えます。

真実に向き合う、という一つの方向に足並みを揃えて情報を共有し、反省を元に再発防止をする。その積み重ねによる学びで今後守れる心と命はあるはずです。互いが敵対し原告と被告になってしまわないように、再発防止をともに考える協力関係を最初につくってほしいと思います。

今までに起きているさまざまないじめ事案は、子どもたちが大人に提供したいじめ解決のためのヒントでもあります。子どもたちの心の傷と命を、大人は無駄にしてはならないのです。

いじめ防止法第18条（教員の研修など）の内容を充実させ、定期的に実施し、その内容を第22条（いじめの防止等の対策の組織）で共有し、さらに第28条（重大事態発生時の調査と情報共有など）の充実が図られることが大切です。これらは、24年10月文部科学省が初改定した「いじめ調査指針」の内容とも合致しています。皆さまもぜひ、いじめ防止法をご一読ください。

11　子どもと答えを求めない会話をしよう

いじめ予防のためにクラスで実践したいことの一つに「対話」という取り組みが挙げられます。普段から、大人が子どもたちと一緒に考え、対話するというものです。対話と言っても「心とは」「命とは」「生きるとは」といった話ではなく、テーマは生活の中にある、子どもたちや大人がちょっと疑問に思ったことで十分です。さらに言えば、新聞やテレビなどのメディアから知り得た小さなニュースや芸能ネタなど、材料は何でもあると思います。求めなくても日々の生活には疑問があります。要するに「答えを求めない会話」を共有することを習慣付けることが大切なのです。模範的な答えを出そうとしたり、結論に導いたりする必要はまったくありません。

私が小学1～2年生の時の担任は、毎朝必ず生活の中で感じたことや出来事を話してくれました。

先生の話の中の情景を想像したり、テーマによっては一緒に考えたりする時間でした。私たちはその時間がとても楽しみで、先生が話を早く切り上げようとすると「やだー、もっとー」とせがんだものです。今も、その教室の温かく優しい雰囲気は記憶に残っています。結論に導く必要はありません。たとえ1日5分でも、子どもたちとの会話を継続するために、いろいろ工夫してみることが重要です。

教員も家族も、地域の大人たちも、子どもに何でも「教えなければならない」「伝えなければならない」などと構えるのをやめてみてください。そして、自分自身の考えをその場で言ってみてください。大人も、時には自分の弱みを見せる時間があってもいいはずです。もし、過去にいじめに関わる経験があるなら、その時の体験や気持ちを素直に話してもよいでしょう。子どもたちとの心の距離は縮まるはずです。テーマに対してそれぞれが自由に考え、ざっくばらんな雰囲気の中で素直な気持ちを言い合えることが、大きな目標です。

これは実際にあったエピソードで、ある教員がクラスの子どもたちにこう打ち明けたそうです。「先生はいじめを相談されてもどうしたらいいか分からないんだ。一緒に考えてほしい」子どもたちは教員のその素直な気持ちを受け止め、一緒に考えてくれました。教員と子どもが本音で話し合える関係というのは、とても素敵なことではないでしょうか。そこには新たな発見があるはずです。そのことをきっかけに、教員も交えて、お互いの違いに気付き、認め合えるようになったのです。そのような風通しのよい人間関係が築かれていれば、いじめも起こりにくくなるということは想像に難くありません。

ぜひ朝や放課後など時間がある時に、家族で食事をしている時に「対話」を習慣化することをおすすめします。

12　私はこんな親でした

私は競争を強いる親でした。勉強があまり好きではなく、成績もふるわなかった娘に「せめて平均点ぐらい取りなよ」とよく言っていました。娘は特に算数が大嫌い。そんな娘には、算数の塾へ通わせていました。しかし、成績は上がらず、算数を好きになることもありません。何とか平均点を取ってほしい私はある日、香澄にこんな提案をしたのです。

「次のテストで平均点取らなかったら、今年の旅行は中止だからね。これは香澄とお母さんの約束だよ」――今思い返すと本当に最低、最悪な親です。年に一度家族で楽しみにしていた旅行を餌に、脅しをかけたのです。そもそも、これは私と香澄の約束などではありません。私の一方的な押しつけです。

娘はテストに向けてそれなりに頑張ったと思います。しかし平均点には届きませんでした。それを知った瞬間、もちろん私はガッカリしました。私がガッカリしたというだけならまだいいのですが、娘はどれほど傷付いたでしょうか。その時の気持ちを思い返しますと、私は平均点に届かなかったことではなく、自身が楽しみを失ったことにガッカリしていたのではないかと感じるのです。香澄の努力に想いをはせることもなく一方的に「約束」を強行しました。私はこの時、論理的に破綻していることを実感できていませんでした。その後いろいろ考えたのですが、自分で言い出したこの賭《かけ》の結果を覆すことはできなかったのです。親の威厳やプライドが邪魔をして、「もし（「約束」を破って）旅行に行ってしまったら親の名が廃《すた》る」とでも思ったのでしょう。結局、その年の旅行は中止しました。結果的に、家族で過ごす幸せな時間を、平均点という得体の知れない物と天《てん》秤《びん》に掛けて奪ったのです。

私は今あの時のことを思い返し、「なんて愚かでバカなことをやってしまったんだ」と我が子を傷付け取り返しのつかないことをしてしまったことを深く深く後悔しています。香澄には本当に申し訳なく謝罪の気持ちでいっぱいです。まさに「後悔先に立たず」です。家族と過ごす楽しい時間、その思い出以上の宝があるでしょうか。人が出逢《であ》う一番小さな社会の単位である家族、その幸せについていまさらながらあらためて考えています。その関係から生み出される幸せは何よりも優先され、守られなければならないはずです。まずは、家族の関係が良好であることが幸せの礎だと感じるのです。ましてや、大人の無知やエゴや無用な威厳で子どもを傷付けるなどあってはなりません。私はあの時、平均点という名のオバケに心を乗っ取られ、何よりも大切な家族との幸せな時間という宝を失うことになりました。そこで、平均点とはいったい何なのか少し考えてみました。

皆さんの中にも「平均点オバケ」に支配されている人はいないでしょうか。このように自身の過去を振り返れば、多くの親や先生が子どもたちの幸せを願い、競争社会の中で成績にこだわる気持ちは理解できます。見方を変えますと、当然ではありますが、テストの点数だけがその子のすべてを表しているわけではありません。テストや成績表というのは、興味の有無や得意不得意を数字で表しているのではないでしょうか。平均点へのこだわりによって、本来備わっている才能や興味を覆い隠し、結果的に見逃してしまうのではないかと感じます。

例えば、発達障害にもさまざまな特性があり、算数だけでなく、文字を書くのが苦手な子どもや、その他にもさまざまな特性があります。しかし多くの教員は、苦手を克服することを目的に、恐らく個別に算数のプリントの宿題を出す、書き取りの宿題を出す、という「配慮」をします。行きすぎた個別の配慮は、学校以外の日常にも大きな苦しみを与えることになるはずです。そして、ますます算数が嫌いになり、文字を書くことが嫌いになってしまいます。にもかかわらず、大人はつい平均点に届かない不得意な科目にばかり目が向き、何とかしなければならない、と気になって仕方がないという状況に陥ります。保護者は、そこをカバーしようと塾に通わせるということになります。学校も保護者も苦手な科目に一点集中するのです。その子も苦手を克服できなければ、劣等感を持つようになります。そこからは負のループで、ますますその子のいいところや得意なことに目が向かなくなってしまう。「その子のために」としていたことが、かえって学校も保護者もその子も追い込むことになるのです。

そこで提案です。テストの点数という形で現れた得意な部分、あるいは他に興味を示している部分を伸ばすための環境を整えるというのはどうでしょう。学校で教わること以外にも、生活の中で何か興味を示していることはないでしょうか。

私とはまったく違う対応をした例として、香澄が小さい時遊んでもらったことのあるAさんの話をしたいと思います。Aさんも実は、香澄と同様あまり算数が好きではなく、授業や宿題も負担に感じていたそうです。Aさんはある日、お母さんにこんなお願いをしました。

「ねえお母さん、先生に私には算数の宿題を出さないようにお願いして」

お母さんは「それはできないわよ」と答えたのです。その話を聞いたお父さんは考え、Aさんに「大丈夫だよ。諦めることないよ。お父さんが算数の特訓してあげるから」と言ったそうです。幸か不幸か、お父さんは理数系がとても得意なのでした。

そして、Aさんの算数の特訓の日々が始まりました。学校でつらい算数の授業を受け、帰るとまた特訓が待っています。……Aさんにとっては地獄です。

ある日の特訓中、Aさんは泣きながら「もうやめて」と言ったそうです。その姿を見たお母さんは、もうやめてもいいのではないか、と思ったそうです。そしてAさんに「何かやりたいことはある？」と尋ねました。Aさんは、以前から英語に興味があったということを話しました。「何かやりたいことはある？」という問いかけから、Aさんの人生が大きく変わることになったのです。本人が興味のあること、得意なことに親が目を向けたのです。そしてAさんの両親は、英語を学べる環境を準備しました。高校も英語に特化した授業を受けられる学校を選び、その後Aさんはアメリカの学校に留学しました。

もちろんこれは、すべての家庭ができることではありません。経済的な問題、留学のための学校選び、その他にも、経験した家族でなければ分からない多くの苦労があったはずです。苦手でも、嫌いでも、やり続けることによってその先に未来が開ける、という考え方もありますが、どの子にも必ずそういうことが起こるという保証はありません。苦手な教科にばかりこだわり続けるのではなく、それ以外の興味に目を向けることは、一筋の光に繋がる可能性が高いと感じます。そして、自分のやりたいことに興味を示してくれる家族の姿勢は、子どもにとって安らぎであると思います。

Aさんは今、ニューヨークでメークアップアーティストとして、ファッション業界、化粧品業界、映画業界で活躍しています。もし泣きながら「もうやめて」と言ったあの時、両親があくまでも算数の成績にこだわっていたら、今のAさんの人生はなかったはずです。

あのまま、苦手な算数の授業、宿題、自宅での特訓、重ねて塾にも通わせていたら、算数が大好きになっていたでしょうか。不得意な教科に目を向け平均点にこだわり成績アップを目指すことよりも、視点を本人の関心のあるテーマに向けることが、才能を伸ばし豊かな人生の窓口へと誘われると感じます。ここでもあらためて「子どもにとって」と考えることが大切なのではないかと実感します。

多くの才能を、大人たちの勝手な価値観で摘み取ってはいないでしょうか。本人の意思や才能を無視して苦手なことをやらせ続けるのは、結果的に、得意なことをする大切な時間を奪ってしまうことになりはしないでしょうか。子どもの気持ちと才能が尊重され、選択肢が増える環境が整った社会となることを望みます。

第四章

「自由の翼」を考えるワークショップ

私は講演活動をする中で、学校へワークショップを提案してきました。学年によってその内容は異なり、私自身もファシリテーターとして開催したことがあります。ファシリテーターとは、会議や商談などで中立的な立場に立った上で、会議中に発せられた意見をまとめ、よりよい結論に導く役割を担う人のことです。参加者の心の動きや状況を見ながらプログラムを進行します。学校で実施する場合は、教員がこの役となります。あくまで「心の気付きを助ける」ことが役割であって、基本的には自分の考えを入れたり、答えへ誘導したりしてはいけません。これらのワークショップの成果を見るにつけ「ぜひ多くの教育現場でやっていただきたい」と思うようになりました。本章ではそれをいくつかご紹介し、講演やワークショップ後の子どもたちの感想を一部紹介します。

1 「心のお天気」

このワークショップは小学生向けに、自身に心があるということを実感してもらう目的で実施しています。所要時間は10～15分ほどですので、工夫次第で開催できると思います。「お天気を人の心にたとえ表現してみる」という、とてもシンプルなものです。
まず、4枚の天気の絵（太陽、雲、雨、雷）を用意します。カードを用意して壁や黒板に貼ってもいいですし、黒板にこの4種類の絵を描いても結構です。横一列に太陽、雲、雨、雷の順に並べます。そして、順番に天気の絵を指し示し、「もしこれが自分の気持ちを表しているとしたらどんな気持ち？」と子どもたちに問いかけ、出た答えを絵の下に書きます。すると、例えばこのような答えが返ってきます。
太陽（晴れ）→幸せな気持ち、楽しい気持ち
雲（曇り）→ちょっと寂しい気持ち、どんよりした気持ち
雨→悲しい気持ち、苦しい気持ち
雷→怒っている気持ち、むかつく気持ち
これ以外にも、意外な言葉がいろいろ出てきます。
一つのお天気に3～4つほどの声を集めるといいと思います。使える時間によって調整できます。
これを通して、今まで楽しかったこと、不安だったこと、悲しかったこと、怒ったことがあったことに気付いてもらいます。「これらの感情は、自分の中のどこが感じているのか？」ということに気付いてもらい、お友達にもその心があると実感してもらうのです。肉体だけではなく、そこに心があること、そして肉体と心、この二つが揃《そろ》って一つのかけがえのない命であることをともに知ることになります。

2「赤いハート」

時間があれば「心のお天気」に続けて実施してください。こちらも小学生向けのものですが、中学生でも問題なく実施できます。「心のお天気」同様に、心の存在を感じることが目的で、どのような言葉で喜びを感じ、どのような言葉で傷付くのかを具体的に探し出します。傷付いた心は元に戻らない、元に戻りにくいということをビジュアルで感じてもらうワークショップです。近年多くの学校で先生方がすでに実践されている「ちくちく言葉とふわふわ言葉」（誰かを不幸にする言葉と誰かを幸福にする言葉に気付かせる、道徳の授業）と目的は同じです。用意するものは、赤いハートの形の紙1枚（A4～B4程度の用紙を利用）と、いくつかの傷付く言葉、嬉《うれ》しい言葉です。

まず、用意した傷付く言葉、嬉しい言葉を一つずつ子どもたちに投げかけてください。「いい子だねぇ」「バカ」「ありがとう」「死ね」「一緒に遊ぼう」「むかつく」などです。それぞれ10個前後（利用できる時間によって調整）用意してください。中学生には一つ投げかけた後、心の中で嬉しい言葉と傷付く言葉を想像してもらいます。小学生でしたら、自分の腕で○と×を表現してくれます。

ファシリテーターが用意した言葉の一つ一つを確認し終わった後、赤いハートの紙を出します。

そして一言「これは皆さんの心です。今から傷付くような言葉をこのハートに投げかけます。心の準備はいいですか?」と言ってから、「むかつく(例)」と言います。言った後で、ハートの一部を握りグチャグチャにします。低学年の子どもたちは悲鳴を上げながら見てくれます。また次のむかつく言葉を一つ言います。「バカ」、また、ハートの別の場所を握ります。

同じように続けていきます。「死ね」「どっか行け」……傷付く言葉を言いながらその作業を何度か続けると、徐々にハートは傷付いていきます。結果的に、ハートは元の平らで綺麗《きれい》なものではなく、グチャグチャでボロボロな状態になってしまいます。そこから、ハートを机の上に置き、伸ばして元の平らで綺麗な形に近づける仕草を見せてください。しかし、残念ながらしわは伸びず、元通りにはなりません。破れてしまっているところもあるでしょう。最初に見てもらったハートではなくなっています。

小学校でのワークショップの様子(2024年)

3 「振り返り」

次に紹介するワークショップは、小学生から高校生までを対象としたものです。時間が許せば、導入に「心のお天気」や「赤いハート」を実施し、心の存在を感じてもらってから実施するとより効果的だと思います。このワークショップの目的は、いじめの問題に集中して向き合う時間を設け、自然な形で今までの自分を振り返ることです。今クラスで起きているいじめに気付く子どももいます。必要なものは、付箋（縦横7センチメートルくらいのもの）、模造紙（班ごとに1枚）、サインペン（各自で持参）です。

あらかじめファシリテーターが、クラスを適当な人数（5〜6人）の班に分けます。班は、誕生月や出席番号で分けたり、席の前後であったり、ファシリテーターのアイデアでつくります。ただし、すでにいじめを察知している場合や告発があった場合は、加害者と思われる生徒と被害者は異なる班に配置するなど、配慮が必要です。いじる・いじられるという関係性が明白な場合や、リーダー格の生徒が複数人いる場合は、なるべく同一班にならないような配慮も必要だと思います。その場合は作為が汲《く》み取られないよう、くじなどの無作為抽出で決めたものであると、最初に一言添えます。

ワークショップを開始する際は、まず班に分かれ、今まで見たこと、聞いたことのあるいじめを付箋に書いて、模造紙に貼っていく作業をすることを伝えます。各自サインペンを持って班に分かれてもらい、班ごとに模造紙と付箋を配布します。アイスブレーキング（緊張ほぐし）が必要な場合は、班の名前などを班ごとに決める時間を設けてもいいでしょう。

班ごとに分かれて座ったら、いじめの内容を書き出す作業に入ります。「今まで、見たことや聞いたことのあるいじめを一人につき一つだけ付箋に書いて、バラバラに模造紙に貼ってください」と呼びかけ、出終わるのを待ちます。この時、必ず「見たことや聞いたことがある」というフレーズを使ってください。「あなたがやったことのある」「あなたがされたことのある」などでは、書きにくくなってしまいます。その後、同じものがあったら上に重ねて貼ってもらいます。一通り作業を終えてから、二つ目を探します。今貼ったもの以外のものを、また探して書いて貼るように促します。この作業を、時間内に何度か繰り返します。書き出していくいじめの内容は、班内で相談するのではなく、まずはそれぞれで考えてもらうよう促します。何度か繰り返す中で、思い付かずに手が止まってしまう子がいるようであれば、班内で相談し合っていじめを探し出してもいいでしょう。

一通りいじめの内容が出たら（時間になったら）「似ているものを一箇所に寄せ集めて、グループをつくってください」と伝え、いじめの種類によって模造紙の上でグループ分けをするように促します。グループとは、いじめの種類ごとに分けるという意味で、グループごとにタイトルを付けます。「先輩からのいじめ」「部活内のいじめ」「教室の中のいじめ」「学校外でのいじめ」「SNSでのいじめ」「家族からのいじめ」「塾でのいじめ」などです。なお、ここでは区分のタイトル名をいくつか例として挙げましたが、当日はすべて子どもたちに任せます。どうしても子どもたちから発想が出ない場合は、「心へのいじめ」と「肉体へのいじめ」の2種類に分けるよう促してください。

模造紙が完成した後、班ごとに発表者を決めて前に出て、分けたグループ名とその内容を発表してもらいます。子どもたちは具体例を可視化したことでいじめについて十分理解しています。

最後に「生まれてきてくれてありがとう」の詩を教員から生徒さんに朗読していただき終了です。

大人から子どもたちへ感謝のメッセージ
「生まれてきてくれてありがとう」
ありがとう　生まれてきてくれて
ありがとう　病気をしたとき　いっぱいいいっぱい　心配させてくれて
ありがとう　多くの出逢《であ》いを　プレゼントしてくれて
　そして楽しい思い出　いっぱいくれて
ありがとう　生きる意味　考えるチャンスをくれて
　全ての命がいとおしいと　感じさせてくれて

ありがとう　お父さんとお母さんが出逢ったこと　間違いじゃないって　気付かせてくれて
ありがとう　こんな私に　子育てさせてくれて　あなたをこんなに　愛させてくれて
ありがとう　教室の中の　こどもたちの苦しさ悲しさ　いっぱい教えてくれて
ありがとう　優しい心の大切さ　多くの大人に教えてくれて
ありがとう　ありがとう　ありがとう　言い尽くせない　たくさんのありがとう
　でもゴメンネ　守りきれなくて
ありがとう　ありがとう　ありがとう　……
全てのこどもたちへ　生まれてきてくれて　ありがとう

4　ワークショップ後の「三つの質問」

ワークショップの後、以下の三つの質問をします。この質問はワークショップの直後でもいいですし、次の授業の時にでも構いません。ここで注意することは、問いかけに対する答えを声に出さず、各自の心の中に留めておくことです。「声には出さず、心の中で答えを探してみてください」

とはっきり伝えてください。子どもの中には、問いかけにすぐ応じて声を出してくれる子もいますが、発言によって相手の意見に流されてしまう子もいますので、質問する度に「声を出さないで考えてほしい」と伝えてほしいと思います。ファシリテーターの考えも言わないことを基本としますが、小学生が対象の場合はヒントとして伝える場面があってもよいでしょう。ただし「私だったらこうしようと思いますが、みんなだったらどうしますか？　いろいろな考えを探してみましょう」と、自分の考えだけがすべてではないことを言い添えてください。子どもたちが自ら答えを見つけることを優先します。

A 「友達を傷付けてしまったら……」

「『いじめてやれ』とか『傷付けてやれ』とは思っていなくて、後から友達を傷付けてしまったことが分かる、そんなことがみんなの周りでも起きているかもしれませんね。そんな時、みんなはどうしますか?」

少し時間をあけてから、以下のような投げかけをしてもいいでしょう。

「私だったら、心から『ごめんね』って言おうと思っていますが、みんなだったらどうしますか？　いろいろな考えを探してみましょう」（あくまで、答えとして言わない工夫が必要）

注意点として以下を伝えてください。

「心から『ごめんね』と謝っても、許してくれないこともあると思います。許すことができないほどの傷を与えてしまっていて、『もう近づかないで、あなたと関わりたくない』と感じていることもあるからです。『本気で謝っているのに、どうして許してくれないの？』と思うかもしれませんが、心の傷の深さは周りの人にははかれません。自分でしか分からないのです。被害を受けたと感じた人の気持ちを大切にして、今後について考えましょう」

B「やられたらやり返す？」

「相手にいやなことをやられたら、自分もやり返していいと思いますか？　周りの大人から『やられた時はやり返してもいい』『やり返すぐらいの強さも必要』って教わった人もいると思います。やり返すっていうのは本当に正しい解決方法なのでしょうか？」

こちらも少し間をあけてから次に進みます。

「もし、ここにいるみんなが全員、『やり返してもいい』と思っている人ばかりだったら、喧嘩《けんか》が起きた時にどうなると思いますか？　喧嘩はたちまち大きくなってしまうかもしれないですね。大きくなった問題は、なかなか解決できなくなってしまいます。やり返す以外に解決策はあるか、みんなも考えてみてください」

ここでは、解決策の提案があれば声に出してもらって共有してもよいでしょう。

C「いじめられる人にも理由がある?」

「私は『いじめられる方にも原因がある』『いじめられる理由がある』っていう言葉をよく聞きます。みんなはどう思いますか?」

この時点では「いじめられる人にも原因はある」と考えている子どもも多くいます。声に出さないように特に注意しながら、少し間を置いて考えてもらってください。

その後、「同じ質問だけれど、少し視点を変え、言葉を変えて質問してみます。もう一度答えを探し直してみてください。そこに理由があれば、人は人を傷付けてもいいと思いますか?」と問います。最後のこの質問では、「いろんな考え方がある(自分の回答だけが正しいのではない)」とはせずに、子どもたちにはっきりと伝えてください。

「私は、傷付けられてもいいという人はここに一人もいないと思っています。そして、人を傷付けてもいいという権利を持っている人も、ここに一人もいないと思っています」

人は、一人一人皆違います。性格、考え方、好きな食べ物、得意なこと、背の高さ、体重、趣味、一人の方が気が休まる人、大勢でいないと不安な人——人はそれぞれで、何もかも同じ人はいません。教室の子どもたちが、その違いを知り、認め合うことができたら、いじめの発生を激減させることもできるのではないかと思っています。人と自分の違いを感じた時、それが新たな発見となり、人としての成長に繫がると思います。一人一人違うという気付きが、自分の成長のために必要不可欠であるということを感じてもらうことを願い、これらのワークショップを提案させていただきました。

ある小学校で「やり返していたらどうなる？」と質問をした時、大きな声で「戦争」と言った子どもがいました。あらためて、低学年から人権について考える重要性に気付かされました。少しでも低学年のうちに、大人から子どもたちへ人権の種を蒔《ま》くことがたいへん重要であると思っています。その種が芽を吹けば、いじめ問題に一定のボーダーラインを引くことができるのではないでしょうか。また、大人がいじめに対する正しい知識を持ち、いじめ発生直後も正しく対応をすれば、問題がエスカレートすることを防げると思います。子どもとともにみんなで人権の存在に気付き、幸せに生きるための方向性を見つけることができれば、きっと支え合いの教室や社会が生まれます。

私の講演の中では、「人権」のことを伝える場合に「みんなは自由の翼を持っているんですよ」と話しています。自由の翼とは「幸せに自由に生きる権利の象徴である」と説明しています。「自由の翼」という言葉は、娘の香澄が遺《のこ》した短い詩があり、その詩にさらに詩を補足してくださった方がおり、その中にあった言葉です。私は、この「自由の翼」という言葉が人権を表していると強く感じたのです。子どもたちは心の目でその存在を感じてくれているようです。講演では必ず「自由の翼は自分だけでなく、周りのお友達も持っています。ほんのちょっとの心遣いで、お互いの翼を大切にしてくださいね」と結んでいます。人権教育というと、どこか堅苦しく構えてしまうかもしれませんが、こんな伝え方もあるのではないでしょうか。大人が優先して人権の種蒔きをしたいと思います。

5 「リテラシー」について

私の講演の目的はあくまでも、心と命のことを考えるきっかけを提供することです。そこに答えは求めていません。子どもが何かを感じ受け取ったなら、いつかそれぞれが自分の考えや答えに繋がるのでは、と考えています。そんな私は、講演の中で今まで一言も「リテラシー」について触れていなかったということを、下村健一さん（元報道アナウンサー）の講演と出会った時に気付きました。そして、講演の最後のまとめとして話をしなくてはならない、と強く感じました。人権、いじめを語る上で、切り離すことのできない重大な問題でした。

皆さんは「リテラシー」という言葉を聞いたことがありますか？　聞いたことがある方は、どのように理解しているでしょうか。

「リテラシー」とは、もともとは読み書き能力を意味する言葉です。下村健一さんの講演の中では、「〝情報〟という名のボールを、エラーせずにキャッチし、暴投せずに投げる能力」と説明されています。さまざまな情報（ボール）が日々溢《あふ》れ、あらゆる角度から私たちに届きますが、それらの事実関係を正しく受け止めて（捕球して）判断し、正しく他の人に伝える（投球する）力、ということです。私たちはこの力を持っているでしょうか。

講演の中で私が話している内容をここで紹介します。

「SNSは危険だから使わないで」と言っても、簡単にはいかないと思います。しかしSNSを利用したいじめはなかなかその実態が分かりづらいので、直接的な（発見しやすい）いじめよりさらに心の負担が大きくなってしまうと思うのです。例えば、クラスの中で誰かが自分を無視すれば一目瞭然ですが、SNSの中で起きた無視は、誰が誰と繋がり自分を攻撃しているのか、とても分かりづらいです。誰と誰が繋がっているのだろう？　その人数はどれくらいなんだろう？　どんな噂《うわさ》をされているのだろう？　とさまざまな想像を巡らせ、廊下ですれ違った友達に疑惑の目を向けてしまうかもしれません。目に見えないということは、より精神的につらい状況へと追い詰められることが想像できます。

皆さんは、さまざまなツールで「グループ」をつくっていると思います。SNS内でつくるグループでは、フェイスブックのコミュニティ機能、LINEのグループ機能などです。

ある日、グループの雰囲気が何かおかしいと感じ様子を見ていたら、気付けばそのグループはモヌケのからで、自分以外の人たちで新たなグループがいつの間にか生まれている、ということもあるかもしれません。新たに生まれたグループに加わった人の中には、あなたを無視したくなかった人もいるかもしれません。しかし結果的にはその人も無視した人の中の一人、不本意であっても加害者となってしまうこともあります。目的やルールを持たずにグループをつくることは、実はとても危険です。もし「気の合わない人を排除しよう」という空気が生まれてしまった時、あなたはどうしますか？　これはＳＮＳに限ったことではないと思うのです。

ある中学生が「むしろ、メールは会話しているより難しい。気持ちのニュアンスを伝えられないし、勘違いされることもあるので、口でしゃべるのが一番いい」と教えてくれました。ＬＩＮＥグループで「これ美味《おい》しくない」「これ可愛《かわい》くない」「なんか楽しくない」という言葉を見かけることがありますが、打った本人からすれば、これらは否定的な意味で打った文字ではありませんでした。しかし、目を見ていないし、声も聞こえていないことから、意図せず否定的なメッセージとして伝わり、空気を一変させる書き込みになってしまいました。そういう小さなきっかけが、排除の始まりとなってしまうのです。

皆さんは日々届くさまざまな情報を正しく受け止めて判断し、正しく他の人に伝えていますか？例えば、ある人から「〇〇さんってこんな人らしいよ。こんなこと言っていたんだって」という情報が入ったとします。それを別の人に「〇〇さんって、こんな人でこんなこと言っていたんだって」と伝える――そういった経験はありますか？

ぜひ、伝える前にしてほしいことがあります。「これって本当のことなの？」「伝える必要が本当にあるの？」ということを考えてみてください。誤解しないでいただきたいのですが、これはお友達を疑ってほしい、と言っているのではありません。「自分には、その情報が正しいかどうかを確かめる力があるだろうか？」と、一度立ち止まってほしいのです。真偽を確認せずに事実ではないかもしれないことを別の人に伝えるのは、あまりに無責任です。人間関係を壊すことや、大問題へと発展する可能性があるのです。

自分に届いたたった一つの情報だけでは、事実のすべては見えていません。情報は一面的なものにすぎず、さまざまな人の主観や思惑などが入ったり、立場が違ったりすれば、別の情報に変わることもあり得ます。さまざまな視点から見る必要があり、一面的な視点だけではそれが何であるか分からないということです。上から見たり、下から覗《のぞ》いたり、右から見たり、左から見たり、後ろから見たり。角度によっては色が違って見えたりもします。

1本のペットボトルを想像してみてください。例えば、私が皆さんに底面だけ見せたとしたら、皆さんにはこれが何なのか分からないと思います。水筒のような入れ物かもしれませんし、筒のような物かもしれません。遠ければ、得体の知れない丸い形の何か、としか確認できないのではないでしょうか。さまざまな角度を見てペットボトルだと分かったとしても、中に何が入っているかは分からないはずです。ボトルには緑茶と書いてあるけれど、もしかしたら中身は麦茶に入れ替えているかもしれない。触らなければホットなのかアイスなのかも分かりません。このように、さまざまな角度から見て情報を集めて確認をしないと、事実にはたどり着けないのです。

皆さんは「メディア」という言葉を耳にしたことがありますか？　それは何だと思いますか？　新聞やテレビ、雑誌、ラジオなどをイメージすると思いますが、実はそれだけではありません。SNSは本来人々が交流するためのサービスのはずですが、今や日々の情報源としても多用されています。皆さんはすでに、SNSという情報発信のツールを日常生活の重要なアイテムとして持っており、SNSは新聞やテレビなどといった公共のメディアと同じ力を持っています。時として、それ以上の力を発揮することもあるのです。

自分が悪意なく流した情報が間違っていたとしても、一度流されたものは拡散され続け、大問題にもなり得ます。拡散された写真やさまざまな過去の情報は制御不能になるのです。SNSを利用する皆さんは、自身が情報の発信者であるという自覚をしっかり持つことがとても大切なのです。ネットリテラシーについて、今一度確認してみてください。

悪意を持って写真や動画などを発信する人、危険なサイトへ誘導しようとする人も世の中にはいます。いじめのツールとして利用する人もいます。それらは皆さんの幸せな人生を破壊しますが、それと同時に、リテラシーの意味を知らないということは、気付けばあなた自身が加害者となり、自分を自分で傷付けることになるのです。また、デジタルタトゥー（オンライン上での行動や発言、画像や動画などの足跡）はあなたの心に刻み込まれ、人生を崩壊させるのです。

SNSが便利な凶器であるという認識を持ち、今一度危険性を確認してください。まずは「これって本当？」と立ち止まってください。

6　子どもたちの声

講演後、可能な限りその場で感想文を書いてもらっており、用紙の一部に「大人へのお願い・伝えたいこと」というコーナーを設けています。率直な子どもたちの声ですので、一部紹介させていただきます（原文のまま）。

＊「やられたらやりかえしちゃいなさい！」なにかまちがっているきがします。もう少し、よくかんがえなおしてください。（小学4年生）

＊自分がやられていやなことは、人にはぜったいやらないでください！（小学4年生）

＊わたしを産んでくれてありがとうございました。赤ちゃんの時から、ずっと子育てしてくれてありがとうございました。これからもたくさんお世話になりたいと思います。これからもよろしくおねがいします。（小学4年生）

＊「いじめは学校で子どもたちがやっていること、自分たちには関係無い」などと言ってほしくないと思っています。そして、いじめによって死にまでおいつめられた子どもに向かい「いじめごときで」と思わないでほしいです。（小学5年生）

＊私は、大人の人たちにいじめをかんたんに考えないでほしいです。大人がいじめをかんたんに聞き流してしまえば子どもを自殺行《こう》いにしむけてしまう事があります。だから、いじめをかんたんに聞き流さないで相談にのってあげてください。よろしくお願いします。（小学5年生）

＊子供はぶきような生き物です。つらいとき、かなしいとき、かんじんなときにＳＯＳを出せません。ですが、わかってあげてください。（小学5年生）

＊いじめている人、いじめられている人、どちらも守って欲しいと思いました。（小学6年生）

＊子供をよく分かってほしい。子供は自分から言えないことが多いと思うから大人が分かってほしい。そして大人が子供の気持ち分かって欲しいと思った。（小学6年生）

＊きっと「いじめなんかによって自殺してしまうなんてよわいな」と思う人もいると思います。ですが、そうではありません。いじめとは、とてもしんこくなことで中には、暴力をふるわれて亡くなってしまう人もいます。「いじめなんかで」という考え方をすててほしいと思います。（小学6年生）

＊自分たちは、大人に話してもわかってもらえない事が多いです。そのため、大人にいじめられても話しづらいです。なので、ふだんから自分たち（子供）の話にもっと耳をかたむけてくれると話しやすいと思います。そして、いつも見守ってくれてありがとう。（小学6年生）

＊見て見ぬ振りしないでください。子どもは助けて欲しいけど言えないのです。心にしまおうとします。話を聞いてあげるだけでもいいから。少しは心が楽になるから。（中学3年生）

＊いじめは子どもだけの問題ではなく、大人の問題であることを多くの人に知ってもらいたい。

いじめによって人の命が奪われることを重く考えてほしい。大人から子どもに手を差し伸べてもらいたい。（中学3年生）

＊子どもというのは、何か困っていることがあってもなかなか言葉にできないので、その人の少しの変化でも気づけるような気を配ってほしいと思います。もしも相談などされたら話を流すように聞くのではなく、しっかり正面を向いて相談に乗ってあげられるようにしたいです。（中学3年生）

＊大人の前ではどうしても強がってうまく言いたい事が言えなくなります。そんな風に見えた時は優しく声をかけてください。そして、あなたには相談出来るという安心をください。そうすればきっと大人に素直に話せます。（中学3年生）

＊話を聞いて、肯定してほしい。肯定をするだけで心が軽くなるから。（高校1年生）

＊自分の価値観、考え方を押しつけないでほしい。それが一番傷ついたり、認めてもらえないと感じるから。他人の価値観、考え方を認めてほしい。（高校1年生）

＊早く行動にうつしてしてほしいです。（高校1年生）

＊子どもがゆうきをだしてそうだんしていることを適当に流さないでほしい。（高校1年生）

＊大きな声出さないでください。考えたくなくなるので意味なくなると思います。（高校1年生）

＊いじめられている人ではなくいじめている人にケアしてあげてほしい。（高校1年生）

＊全ての話を受け止めて欲しいです。被害者に原因があるのではないか？と聞かないでください。原因がないかは、自分で考えています。（高校2年生）

＊いじめをする方がカウンセリングするべき。（高校2年生）
＊子どもたちを守ってあげられるのが本当の大人だと思います。（高校2年生）
＊「生まれてこなければ良かった」という子がいる世の中を作って欲しくない。（高校2年生）
＊自分から言い出すのは難しいから、できるだけ気付いて欲しいです。（高校2年生）
＊小さな悩みでも家族に言いづらいです。いじめとなるともっと伝えにくいので、相談したときはしっかり聞いて欲しい。（高校2年生）
＊被害者だからと言って過保護にするのではなく、加害者だからと言って問い詰めるのではなく、柔軟な優しさ持った大人になりたい。無理に話を聞くのではなく本人に悟られないようこっそり外堀から埋めて助けて欲しいと思います。（高校3年生）
＊やり返すという考え方を大人がやめるべきだと思う。（高校3年生）
＊否定して欲しくない。思っている以上に傷ついてます。（高校3年生）
＊年齢が上だからといって子どもになめた態度をとる大人が多すぎるのが鼻につきます。（高校3年生）
＊わかったようなふりする大人、むかつくんです。（高校3年生）

感想文の中には、どうしていじめてしまうのかについてもはっきりとその理由を示しているものがありましたので、そちらも紹介します。

＊弱い自分を見たくないので、常に優位でいたい。その意味は……自分が苦しい時、人を不幸にすると少し自分が楽になる。
＊心が不安定で、ストレスを感じているときにいじめてしまう。
＊いじめることによって、いじめている子同士が団結できる。
＊ねたみそねみがあり、自分にないものを持っていると、受け入れられない。
＊いじめないと自分が標的にされてしまう。

――自分とたたかいながら大人に助けを求めている姿が垣間見《かいまみ》える気がします。この期待に応えられる大人を目指したいと思います。

次に、天国にいる4名の子どもが遺した言葉を紹介したいと思います。紹介する4名は、当法人の理事の子どもたちです。

最初は、２０１６年にいじめを苦に自殺で亡くなった葛西りまさん（13歳）です。彼女が中学2年生の5月に書いた「幸せ」というタイトルの詩です。りまさんが亡くなったのはこの詩を書いた約3か月後の8月25日でした。

「幸せ」　葛西りま

朝、眠い目をこすって起きて
面倒臭いと言いながら学校に来て

睡魔と戦って授業をして
一日終わって、楽しかったと家に帰って
宿題して温かいごはんを食べて
お風呂に入ってぐっすり眠って
こんないつもの生活が
一番幸せなんだなとふとした時感じる

次は２０１３年にいじめを苦に自殺で亡くなった大森七海さん（17歳）です。七海さんは15歳の時、「20歳になった自分に向けて書いた手紙」を書き残していました。その手紙は、成人式を迎えるはずだった当日、中学校の時の先生から家族に届けられました。

二十歳の私へ
Hello～☆　20歳の私は元気ですか？
夢がありますか？　夢を叶《かな》えましたか？
20歳の私は運命のヒト見つけましたか？
20歳の自分よっ！　つらいときも絶対にあきらめないこと！　Fight だよ!!

familyやfriendsを大切にすること!!　素直にまっすぐ生きることっ！
Someday, you will be good woman！
I can do everything！

3人目は、中谷歩さん（20歳）。2006年高専5年生の夏、同級生の少年により学校内で殺害されました。15歳の時に家族で訪れた山口きらら博（「21世紀未来博覧会」）で、10年後の自分宛《あて》に書いたはがきの一部を紹介します。

8／30　おっは～　　中3のあゆより
あゆは、今キララ博に来ています。
今から運動会とか3月には、受験があるけど、頑張って勉強しま～す。
あゆはたぶん今、25才だけど、たくさん幸せをみつけていってください。

3人とも、自分の幸せな将来を信じ、そして誰でも思うごく普通の幸せを望んでいました。特別に贅沢《ぜいたく》なことを夢見ていたということではないと思います。この幸せになる権利は人権として一人一人に保障されているはずです。幸せに自由になる権利の象徴である「自由の翼」を皆持っているのです。

最後にもう一人、1998年にいじめで亡くなった私の一人娘、小森香澄（15歳）の遺した言葉を紹介します。自殺行為をする4日前に私に言った言葉です。

「優しい心が一番大切だよ。その心を持っていないあの子たちの方がかわいそうなんだ」

いじめ問題に向き合い活動する中、私はこの言葉の真意を探し続けていました。そして、この言葉が、いじめ問題は被害者問題ではなく加害者問題であるということを端的に示している、と実感しています。きっと香澄は「一人では生きていけないよ。みんな優しい心で繋がってね」というメッセージを発しているのだと思います。私は講演の終盤で、ほんの1分ほどですがこの言葉を伝えています。感想文を拝見すると、この言葉に感銘する文章が多く、私はそのことを嬉しく思っています。

当法人が心と体への暴力を「いじめ」と定義し、いじめ問題は人権問題の原点と捉えて活動しているのは、暴力の種類としてそこに線を引くことはできないと考えているからです。どちらを傷付けても人権侵害です。天国の子どもたちは、自身に起きた死という結果に対して、不本意だったのは言うまでもありません。身をもって何かを訴えたかったわけでもないはずです。私も天国にいる命に今何もできませんが、せめてこの死から目を背けず、多くの人が人権の存在に目を向けてほしい、そのきっかけとなることを心から願っています。

あとがき

私は、この人生で経験したことを次の時代に伝えたい、と思いました。さまざまな経験をしましたが、その中でたいへん大きく私の心を揺るがしたのが、我が子のいじめ自殺です。その経験と学びの中、判断に迷うことが多々ありました。苦しみ悲しみ、その都度自分の心に問いかけながら進む道を選択してきました。

個人が感じたことですから、間違いはあるはずです。時が過ぎ、過去の自分の考えや行為に対して疑問が生まれることもあります。ですので、視点が違えば違和感を持つ方もいると思います。それでも、いじめを考えるきっかけ、子どもの心と命について向き合うきっかけとなりましたら幸いです。

約26年前のあの日、香澄は私の残りの人生に線路を敷いたように感じています。そこにしっかりと乗っている確信は持てませんが、本書はその線路から見えた眺めとして私なりにまとめたものです。私はその線路に乗り、いじめ問題をやりたいと強く思いました。「我が子をいじめで亡くしてかわいそう」と感じる方もいらっしゃると思いますが、我が子を亡くした親の深い悲しみとは別に、この道を私の人生の道しるべとして、私に指し示してくれた香澄に感謝もしているのです。我が家に生まれてきてくれたことへの感謝の気持ちは言葉に尽くせません。

私の場合は、望んでいなくても遺族という立場がつきまといます。結果的に「遺族当事者の講演」という前提から聴講していただくわけですが、多くの方との出逢《であ》いの中で、人権について学ぶ場を提供することは誰にでもできるということを実感しています。遺族ではなくても、団体に所属していなくてもできることと思っています。

活動や繋《つな》がりが起こしたさざ波は、やがて他の波と繋がり、いつか大きな波となることが大切なのだと思います。最初は失敗ばかりだったＮＰＯの活動も、さまざまな反省を繰り返す中少しずつ広がり、もしかしたら、少しはお役に立てるかもしれないと感じることができるようになりました。そう感じることができるようになった源の一つが、講演の感想文です。子どもたちの感性の鋭さを感じたことと、大人がいじめに対する認識を新たにすることができると知ったのです。

大人は子どもたちの感性を信用してください。大人がいじめに関する勘違いをなくせば、守れる心と命はあると確信します。今まで守れなかった子どもたちの命に対して、大人は素直に謝罪の気持ちを持つことが大切です。今まで多くの子どもたちの心が疲弊し生きる気力が奪われ、死へと追い詰められていったのです。子どもたちはもう待ってはいられないのです。

香澄が遺《のこ》していった「優しい心」と「自由の翼」のメッセージを伝え続けてくださっている全国の多くの皆さまに、心より感謝しています。法人名のジェントルハートプロジェクトは、香澄の遺した「優しい心が一番大切だよ」の言葉に由来しています。「自由の翼」は、香澄の遺した詩を曲にするために補足した詩の一文です。人権を翼になぞらえており、幸せに自由に生きる権利の象徴が「自由の翼」です。人権を翼になぞらえることは他にもあります。「翼をください」という曲を聞くと、子どもたちが大空を自由に飛び回ることを願わずにはいられません。そして、その翼をもぎ取られてしまった多くの子どもたちの無念を思います。NHKの連続テレビ小説「虎に翼」（2024年放送）も、一人一人が持っているこだわりを人権として翼になぞらえています。こだわりを重んずることにより、互いの違いを認め合うことのできる社会を構築すること、その重要性を物語っているように感じられます。

人権が軽んじられていると感じるこの時代は、この先どうなってしまうのでしょう。やられたらやり返せ、という意識が蔓延《まんえん》しているこの世界を、今後子どもたちが生きていくのは酷です。

香澄の出産から数日後、あまりの愛《いと》おしさから「生まれてきてくれてありがとう。幸せになろうね」と涙ぐんだことをはっきり憶《おぼ》えています。出逢えたことの喜びとともに、大きな不安や責任を感じていました。

人との出逢いは新たな命の誕生ばかりではありません。学校でも、新一年生が担任の先生と出逢う場面など想像しますと、これもやはり大きな喜びだと思います。そして、互いがともに楽しい時を過ごすことを願っています。このように人は人と出会い繋がって生きており、そこに幸せを願うわけですが、そこにいじめが発生すれば、その繋がりは分断されます。当事者、家族、学校もろとも、不幸のどん底へと突き落とされてしまいます。人生が崩壊してしまうことも多々あるのです。一人でも多くの人が人権の存在に目を向け、より幸せな社会実現のために尽力してくれることを切に願っています。

最後に、法人活動のみならず、さまざまな場面でご支援くださった多くの皆さまとの出逢いに、心より感謝します。そして、香澄の人生に直接関わり、同じ時を過ごした多くの友人に感謝します。香澄との別れの時、慟哭《どうこく》を経験しながらもその後私たち両親の心の支えとなってくれて、本当にありがとうございます。そして、かとうくみさん。この本の装丁は、香澄が亡くなった後、友人の彼女が私たちに贈ってくれた画を元にデザインしていただきました。亡くなって2年後にも香澄の肖像画を描いてくれましたね。私はあなたの画に支えられて今を生きています。ありがとうございます。

実はこの本が発売される12月22日は娘・香澄の誕生日です。その香澄とのつらい別れから四半世紀以上の時が流れましたが、その間さまざまな場所で、多くの皆さまと出逢いました。このご縁を生んだのは間違いなく香澄です。私たちにとって大切な日に、新著を出すことができました。すべての人が生まれたことに幸せを感じる社会となることを心より祈っています。子どもの幸せをすべての問題の中心に据え問題を解決する社会になりますように。

最後まで読んでいただきありがとうございます。

２０２４年12月

小森美登里

小森美登里（こもり・みどり）
1957年神奈川県生まれ。NPO法人「ジェントルハートプロジェクト」理事。講演、展示会、勉強会の開催等の活動を全国展開しており、講演は1600回を超えている。講演の対象は小学生から一般まで。著書に『遺書』（2014年）、『いじめのない教室をつくろう』（2013年）、『わが子のいじめ自殺でわかった 今子どもたちと教師に起きている本当のこと』（2012年、いずれもWAVE出版）など。

いじめに対《たい》する大人《おとな》の誤解《ごかい》――スクール虐待《ぎゃくたい》の現実《げんじつ》

2024年12月22日　初　版

著　者　小森美登里
発行者　角田真己

郵便番号　151-0051　東京都渋谷区千駄ヶ谷4-25-6
発行所　株式会社　新日本出版社
電話　03（3423）8402（営業）
03（3423）9323（編集）
info@shinnihon-net.co.jp
www.shinnihon-net.co.jp
振替番号　00130-0-13681

印刷　亨有堂印刷所　製本　小泉製本

落丁・乱丁がありましたらおとりかえいたします。
Ⓒ Midori Komori 2024
ISBN978-4-406-06861-1 C0036　Printed in Japan

本書の内容の一部または全体を無断で複写複製（コピー）して配布することは、法律で認められた場合を除き、著作者および出版社の権利の侵害になります。小社あて事前に承諾をお求めください。